POLYGLOTT on tour

Belgien Luxemburg

Der Autor
Wolfgang Rössig

Mit großer Faltkarte
& 80 Stickern
für die individuelle Planung

www.polyglott.de

6 Typisch

20 Reiseplanung & Adressen

32 Land & Leute

SPECIALS

ERSTKLASSIG!

ALLGEMEINE KARTEN

REGIONEN-KARTEN

STADTPLÄNE

SYMBOLE ALLGEMEIN

Erstklassig ! – Besondere Tipps der Autoren
SPECIAL – Besondere Aktivitäten
SEITEN BLICK – Spannende Anekdoten zum Reiseziel
Top-Highlights und Highlights der Destination

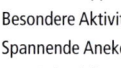

TOUR-SYMBOLE

①	Die POLYGLOTT-Touren
6	Stationen einer Tour
①	Hinweis auf 50 Dinge
[A1]	Die Koordinate verweist auf die Platzierung in der Faltkarte
[a1]	Platzierung Rückseite Faltkarte

PREIS-SYMBOLE

	Hotel DZ	Restaurant
€	bis 80 EUR	bis 15 EUR
€€	80 bis 160 EUR	15 bis 25 EUR
€€€	über 160 EUR	über 25 EUR

Zeichenerklärung der Karten

beschriebene Region (Seite=Kapitelanfang)

Sehenswürdigkeiten

Tourenvorschlag

Autobahn

Schnellstraße

Hauptstraße

sonstige Straßen

Fußgängerzone

Eisenbahn

Staatsgrenze

Landesgrenze

Nationalparkgrenze

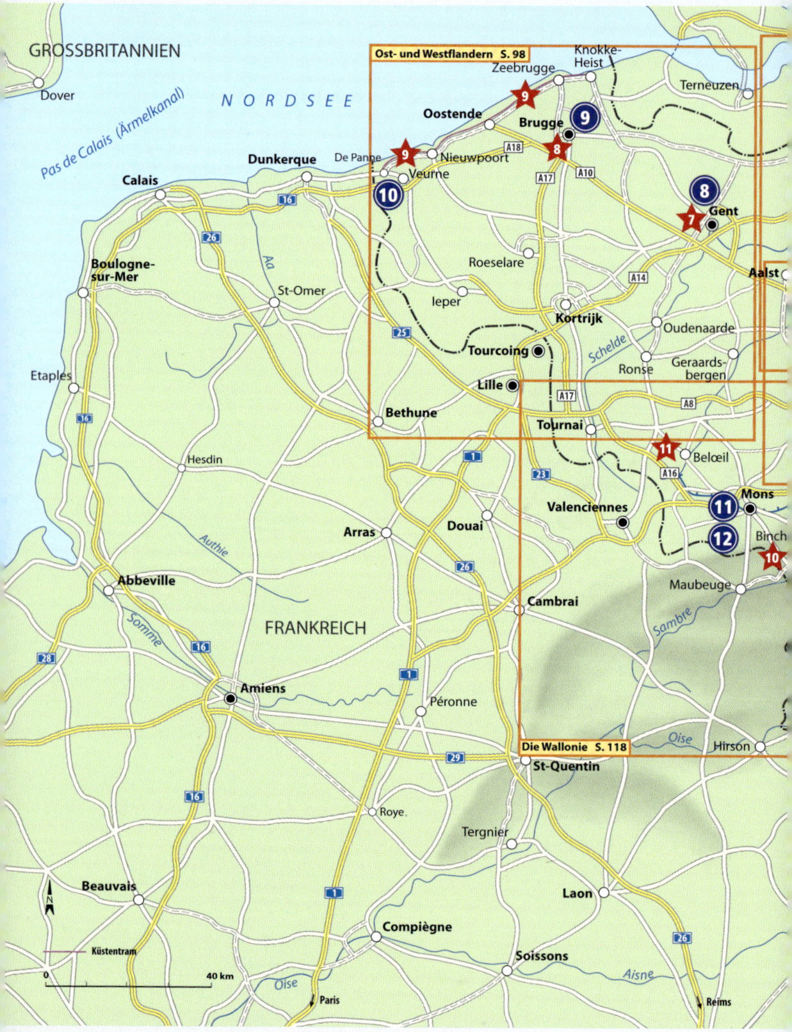

Top 12 Highlights

1. Grand-Place, Brüssel › S. 52
2. Mont des Arts, Brüssel › S. 55
3. Hohes Venn › S. 70
4. Abbaye d'Orval › S. 73
5. Museum Plantin-Moretus, Antwerpen › S. 87
6. Stadthuis, Leuven › S. 91
7. Genter Altar, Sint-Baaf › S. 103
8. Begijnhof, Brügge › S. 109
9. Küsten-Trambahn › S. 114
10. Schiffshebewerke, Canal du Centre › S. 127
11. Schloss Belœil › S. 130
12. Casemates du Bock, Luxemburg-Stadt › S. 141

1 Touren-Start

Perfekte Planung
Parallel Klappe vorne links aufschlagen

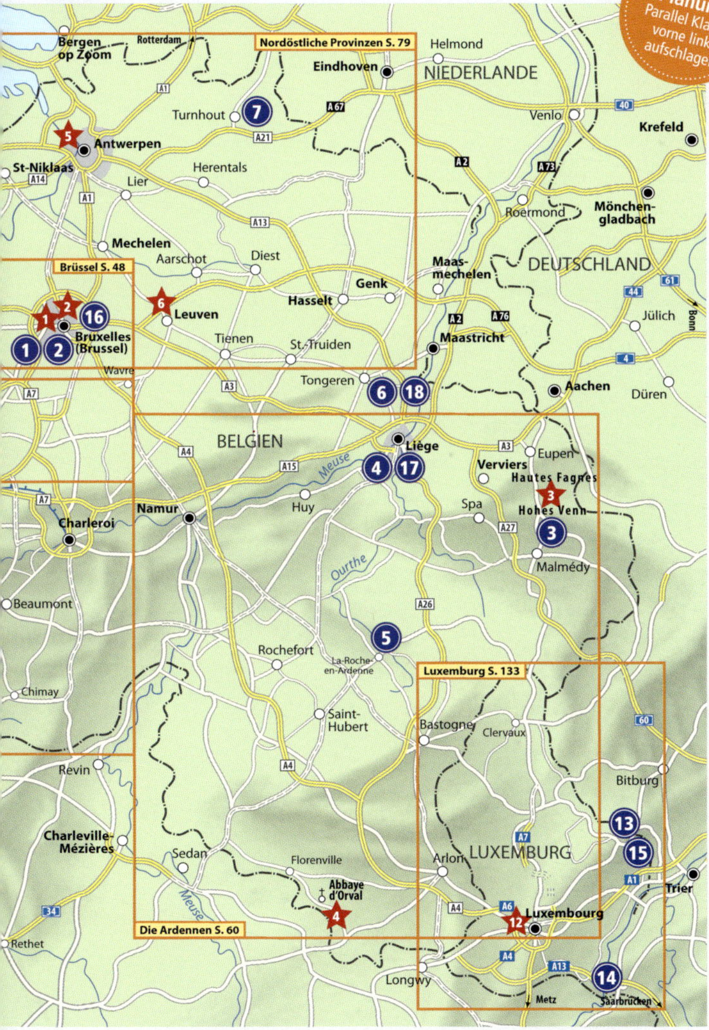

Der Jan van Eyckplein am alten Hafen zählt zu Brügges schönsten Plätzen

TYPISCH

Belgien und Luxemburg sind eine Reise wert!

Welkom, Bienvenu(e), Wëllkëmm! Wer Belgiens leidigen Sprachenstreit ganz diplomatisch umschifft und Luxemburgs liebenswerten moselfränkischen Dialekt aufgreift, wird weltoffene Benelux-Länder kennenlernen, wozu nicht zuletzt die zahlreichen EU-Institutionen beitragen.

Der Autor **Wolfgang Rössig**
studierte Literaturwissenschaften und Kunstgeschichte. Er liebt Van Dyck, den belgischen Jugendstil, Jacques Brel und Georges Simenon, die Comics von Hergé, Wanderungen im Hohen Venn, die kreative Szene von Antwerpen, Übersetzungsaufträge aus Brüssel, Trappistenbier aus Flandern und Crémant aus Luxemburg, belgische Nobelschokolade und natürlich frische Muscheln mit den besten Fritten der Welt.

Mit einem Tritt ins sprachliche Fettnäpfchen hatte sie begonnen, meine Liebe zu Belgien, als ich auf einer Tagung der Internationalen Artusgesellschaft an der altehrwürdigen Universität Leuven den Vortrag – immerhin über ein französisches Thema – in französischer Sprache hielt und in höflich-betretene Gesichter der flämischen Honoratioren blickte, die darin ein politisches Statement wähnten. Das Missverständnis löste sich gottlob wenige Stunden später an »der längsten Theke der Welt« mit einigen Duvel-Bieren in Wohlgefallen auf. Seit die-

Brüssel ist bekannt für seine vielfältige, internationale Gastronomieszene

Mit einer zauberhaften Altstadt lockt das Städtchen Gent

sem Abend aber halte ich mich in Belgien konsequent aus der Sprachenpolitik heraus und beantworte die heikle Frage, ob ich persönlich nun Flandern oder die Wallonie bevorzuge, mit einem diplomatischen: »Beide sind auf ihre Weise einfach wunderschön.«

Was ja wirklich nicht gelogen ist. Ich kann mich ja schon nicht entscheiden, welche der flämischen Kunststädte die schönste ist. Es sind die vielen romantischen Winkel, die das von Kanälen durchzogene Städtchen Brügge so zauberhaft machen. Der schaurigen Schwermut, die der Symbolist Georges Rodenbach in seiner berühmten Novelle »Bruges-la-morte« heraufbeschwor, muss man da nicht nachtrauern. Hier all die spätgotischen Juwele der Architektur aufzuzählen, wäre sinnlos, so viele sind es. »Brügge ist ein goldenes Geschmeide, darin die Liebfrauenkirche als kostbarster Edelstein strahlt«, schrieb bereits der große Maler Hans Memling im 15. Jh., vor dessen besonders kunstvoll gearbeitetem Ursulaschrein im ehemaligen Sankt-Jansspital man zweifellos länger verweilen wird. Mit Werken von Hieronymus Bosch, Jan van Eyck, Pieter Bruegel d. J. und Rogier van der Weyden ließe sich im Groeningemuseum aber auch ein verregneter Nachmittag ganz problemlos ausfüllen.

Doch auch das keine Autostunde von Brügge entfernte Gent fasziniert mit seinen abends effektvoll beleuchteten alten Gilde- und Speicherhäuser am Ufer der Leie, seinen Kirchen, Palästen, Kanälen und Brücken aus einer Zeit, als Gent nach Paris die größte Stadt Europas nördlich der Alpen war, und vielleicht ist ja der 1432 vollendete, in fast unwirklich intensiven Farben strahlende Genter Altar der Brüder Hubert und Jan van Eyck in der Kathedrale Sint Baafs immer noch das »schönste Werk der Christenheit«

Für mich immer wieder ein großer Spaß: die Comic-Route in Brüssel

Antwerpens Hauptbahnhof empfängt einen mit Pomp und Gloria

– mit einer höchst abenteuerlichen Geschichte, wie wir spätestens seit George Clooneys Film »The Monuments Men« wissen.

Leben würde ich aber am liebsten in Antwerpen. Ich kenne keine andere so »kleine« Großstadt, die mit lediglich einer halben Million Einwohner mehr kosmopolitisches Flair und kreative Energie verströmt. Kultur, Mode, Architektur und Design der Avantgarde: All das besitzt die Hafenstadt Antwerpen im Überfluss, und dazu einige der schönsten Straßenzüge des Landes im Jugendstil.

Belgiens Art nouveau treibt mich aber auch immer wieder in Brüssels Stadtteile Ixelles, Schaerbeek und St-Gilles, um die faszinierenden Residenzen zu bewundern, die Victor Horta hier einst für reiche Bürger baute: Eine neue schwingende Architektur weit geöffneter Fassaden, floraler Überschwenglichkeit und lichtdurchfluteter Innenräume aus Glashimmeln und gusseisernen Streben, deren formale Ordnung man wie musikalische Partituren lesen könnte, faszinieren mich jedesmal aufs Neue, wenn ich in der multikulturellen belgischen Hauptstadt weile.

In puncto Kultur braucht sich auch die Wallonie keineswegs zu verstecken. Die romanische Kathedrale von Tournai ist ein triumphales Meisterwerk des Mittelalters, die barocke Gartenanlage von Schloss Belœil kann es mit Versailles aufnehmen, und das kleine Mons ist 2015 sogar zur Kulturhauptstadt Europas auserkoren worden. Landschaftlich liegt die Wallonie sogar vorn: Die Ardennen mit ihren Kulturstädten Liège, Namur und Dinant locken auch Naturliebhaber, und das Hohe Venn zählt zu den schönsten Hochmoorregionen Europas.

Lieblicher zeigt sich die weinselige Mosellandschaft Luxemburgs, die schon vor 1700 Jahren der römische Dichter Ausonius in höchsten Tönen rühmte. Die Römer bauten hier den Elbling (Vitis Alba) an, die älteste Weinsorte Europas. Heute ergibt sie einen spritzigen, fruchtigen, aber trockenen Weißwein, der sich auch hervorragend zur Sektherstellung eignet, was man sowohl in den Restaurants der kosmopolitischen Oberstadt als auch in den In-Bars der Unterstadt von Luxemburg zu schätzen weiß. Da schmeckt die multikulturelle Küche gleich doppelt so gut. In kulinarischer Hinsicht ist Europa eben noch immer am genießbarsten, in Belgien wie in Luxemburg.

Reisebarometer

10× richtig gut

Flanderns Kunststädte, die Schlösser und Kathedralen der Wallonie, prachtvoller Jugendstil, vorzügliche Küche, Naturgenuss an der Nordsee und in den Ardennen, liebliche Weinlandschaften und zweimal Europa.

Abwechslungsreiche Landschaft ●●●○○○
Strände, die Ardennen, Weinlandschaften in Luxemburg

Kultur und Sehenswürdigkeiten ●●●●●●
Architektur von Mittelalter bis Avantgarde, flämische Meister

Kulinarische Vielfalt ●●●●●●
Muscheln, Fritten und internationale Michelin-Küche

Spaß und Abwechslung für Kinder ●●●●●○
Freizeitparks und Strandvergnügen

Shoppingangebot ●●●●○○
Belgische Schokolade, Luxemburger Weine

Abenteuer und Entdeckungen ●●●○○○
Hausbootfahrten in Flandern, Jazz in Brüssel, Galerien in Antwerpen

Auswahl sportlicher Aktivitäten ●●●●○○
Radfahren, Surfen, Strandsegeln, Wandern

Strandurlaub ●●●○○○
Belgiens Nordseestrände erreicht man mit der Tram

Preis-Leistungs-Verhältnis ●●●○○○
Das Preisniveau ist etwas höher als in Deutschland

Kosmopolitische Atmosphäre ●●●●●●
Internationales Flair in Brüssel, Antwerpen, Luxemburg

● = gut ●●●●●● = übertrifft alle Erwartungen

50 Dinge, die Sie ...

Hier wird entdeckt, probiert, gestaunt, Urlaubserinnerungen werden gesammelt und Fettnäpfe clever umgangen. Diese Tipps machen Lust auf mehr und lassen Sie die ganz typischen Seiten erleben. Viel Spaß dabei!

... erleben sollten

1 Jam Session an Jacques Brels Klavier In der Jazzbar L'Archiduc [c3] in Brüssel hat schon Miles Davis gespielt. Das Klavier soll Chansonnier Jacques Brel spendiert haben. Die interessantesten Talente jazzen dienstags nach Mitternacht (Antoine Dansaertstraat 6, Tel. 02/ 5 12 06 52, www.archiduc.net).

2 Ewige Liebe erfahren Wer mit seinem Partner über die Minnewaterbrug [C3] in Brügges romantischem Minnewaterpark geht, dem ist ewige Liebe gewiss. So will es die mittelalterliche Legende von der tragischen Liebe zwischen Minna und ihrem Geliebten Stromberg.

3 Hart am Wind Am Strand von De Panne [A3] im *zeilwagen* auf zwei Rädern mit bis zu 120 km/h über den harten Sand zu rasen, ist ein atemberaubender Spaß! Einführungskurse ins Strandsegeln bietet der nationale Strandseglerverband (Dynastielaan 20, Tel. 058/41 57 47, www.strandzeilen.be).

4 Im Rausch der Wellen Knokke-Heist ist die Hochburg des Kitesurfing, bei dem die Grenzen zwischen Wellenreiten und Fliegen verschwimmen. Lernen können Sie den rasanten Sport im RBSC Surfclub Duinbergen [C2] (Zeedijk 430, Tel. 050/61 59 60, www.surfersparadise.be, Schnupperkurs 60 €).

5 Mit dem Fiets auf der Schlösserroute Besonders schön auf der Vlaanderens Fietsroute ist die in Borgloon [J4] startende, 59 km lange Tagesrundfahrt durch den Hespengau mit blühenden Obstbaumwiesen, romantischen Schlössern und verträumten Dörfern. Radverleih an jedem Bahnhof, z.B. in Tongeren, für 3 € pro Tag (www.visitflanders.de/entdecken/radfahren).

6 Ski Heil Im Winter verwandelt sich das Hochmoor des Hohen Venn in eine romantische Pulverschneelandschaft. Ausgangspunkt für Skilanglauf-Touren auf drei gespurten, 3 bis 11 km langen Loipen ist das Naturzentrum Ternell [M5] in Eupen, das Ski verleiht (Ternell 2/3, Tel. 087/59 23 13, www.ternell.be, 10 €/Tag, Kinder 7,50 €).

7 Westflandern per Hausboot Mit einem schwimmenden Ferienhaus können Sie ab Nieuwpoort über Westflanderns idyllische Wasserwege schippern. Bootsführerschein überflüssig! Dreitägige Kurztrips rund um Brügge [C3] gibt's bei Le Boat ab 500 € (www.leboat.de).

(8) Kneipentour mit dem Bellemann Der Stadtausrufer von Gent [D3] kennt sich aus! Mit einem der drei uniformierten Herren des Ordens des Städtischen Ausrufers lernen Sie garantiert die besten Lokale der Stadt kennen. Anmeldung unter Tel. 02/22 67 43 (www.towncriers.be).

(9) Zu sieben Schlössern musst du gehn ... Der 37 km lange Sentier des Sept Châteaux (www.septchateaux.lu) zwischen dem Startpunkt Mersch [M10] und Gaichel erschließt Wanderern das idyllische Tal der Eisch in Luxemburg. Alle Dörfer auf dem Weg sind per Bus zu erreichen. Übernachten kann man z.B. in Bour im Hotel Gwendy (www.gwendy.lu).

(10) Eine Partie Boule Die Luxemburger lieben Boule und Pétanque. Im Boulodrome FLBP [M11] könnten Sie sich von dieser nationalen Leidenschaft anstecken lassen (Chemin rouge, Belvaux-Metzerlach, Tel. +352/59 02 93, www.flbp.lu).

... probieren sollten

(11) Frites Kross, saftig, kartoffelig, mit einer Vielzahl von Soßen: Jeder Belgier hat seinen Lieblings-Frittenstand. In Brüssel [F/G4/5] ist die Schlange vor dem Verkaufswagen von Frit Flagey (Place Eugène Flagey, 1050 Ixelles) besonders lang.

Romantisches Flandern per Rad in Durbuy

(12) Caricoles Die in heißer Brühe servierten Meeresschnecken sind eine echte Brüsseler Institution. Gegessen wird im Stehen, z.B. am Stand von Marie am Rand des Flohmarkts auf der Place du Jeu de Balle [e3].

(13) Waterzooi Das flämische Nationalgericht aus Gent, eine gebundene Suppe mit wahlweise Fisch oder Huhn und verschiedenen Gemüsen, hat im Brüsseler Traditionslokal Aux Armes de Bruxelles [c4] schon Jacques Brel genossen (13, rue des Bouchers, Tel. 02/5 11 55 98, www.auxarmesdebruxelles.be).

(14) Sole à l'Ostendaise In Butter, Weißwein, mit Garnelen und Muscheln gegarte Seezungenfilets schmecken im Sommer am besten, z.B. im Bistro Mathilda in Oostende [B3] (Leopold II Laan 1, Tel. 059/51 06 70, www.bistromathilda.be).

Jeder kennt den Comic-Detektiv Tim und seinen treuen Begleiter Struppi

(15) Lapin à la Gueuze Das säuerliche Gueuze-Bier gibt dem darin geschmorten Kaninchen seinen ganz besonderen, unverwechselbaren Geschmack. Besonders köstlich im Brüsseler Lokal In't Spinnekopke [c3] (1, place du Jardin aux Fleurs, Tel. 02/5 11 86 95, www.spinnekopke.be).

(16) Bitteres »Weißlaub« Am liebsten essen die Belgier ihr besonders in Flämisch-Brabant gezogenes Nationalgemüse Chicorée (fläm. *witloof*) in Schinken gewickelt und mit Käse überbacken. Aber auch als Cremesüppchen schmeckt »Weißlaub« vorzüglich. Mitten im Anbaugebiet serviert das Restaurant Veilinghof [G4] Chicorée in vielen Varianten (Leuvensesteenweg 22, Kampenhout, Tel. 016/65 00 80, www.veilinghof.be).

(17) Miesmuscheln aus Zeeland Muscheln verspeisen besonders die Flamen am liebsten in rauen Mengen. In Oostende serviert sie De Mosselbeurs › S. 115 in zahlreichen Varianten, z.B. in Trappistenbiersoße.

(18) Genter Mastellen Die runden luftigen Zimtbrötchen sehen aus wie Donuts, schmecken aber wie frische Brioches. Ältere Exemplare schneidet man auf, bestreicht sie mit Butter und braunem Zucker und »bügelt« sie zwischen zwei Stück Alufolie. Die besten macht die Bakkerij Himschoots [D3] in Gent (Groentemarkt 1, Tel. 04 91/52 83 31, www.bakkerijhimschoot.be).

(19) Wildes Bier Durch Spontangärung entsteht die belgische Bierspezialität Lambic (oder Lambiek), die zu Geuze, Faro, Kriek (Kirschbier) und anderen Fruchtlambic-Biere weiterverarbeitet wird. Ganze 300 belgische Biersorten durchprobieren können Sie bei Brugs Beertje in Brügge [C3] (Kemelstraat 5, Tel. 0 50/33 96 16, www.brugsbeertje.be).

(20) Judd mat Gardebounen Das Luxemburger »Nationalgericht« – Geräucherter Schweinekamm mit weißen Bohnen – wird in dem Traditionslokal Am Tiirmschen › S. 142 besonders authentisch zubereitet.

… bestaunen sollten

(21) Baumskulpturen in Durbuy Im Parc des Topiaires [K7], dem größten Formbaumpark der Welt, kann man kunstvoll geschnittene Buchsbäume, Eiben und Stechpalmen bewundern. Sogar das Manneken Pis ist als Baumskulptur verewigt (www.topiaires.durbuy.be).

(22) Madonna Jan van Eycks 1436 mit prunkvollem roten Mantel gemalte Gottesmutter im Groeningemuseum › **S. 109** von Brügge erzählt auf ihre Weise vom einst märchenhaften Reichtum der mittelalterlichen Tuchhändlerstadt.

(23) Bruegels »Winterlandschaft« Ein verschneites Dörfchen, Eisläufer auf einem Fluss, eine Piepmatzversammlung an einer Vogelfalle: Auf dem Gemälde von Pieter Bruegel d.Ä. in den Brüsseler Musées Royaux des Beaux-Arts › **S. 55** gibt es jede Menge Details zu entdecken.

(24) Rilkes Brüggeblick Den traumhaft schönen Ausblick vom Rozenhoedkaai › **S. 109** auf das mittelalterliche Häuserensemble an der Gracht verewigte Rilke sogar in seinem Gedicht »Quai du Rosaire«.

(25) Stuhl der Weisheit Das Meisterwerk der maasländischen Romanik gehört zu den für Belgien nahezu einzigartigen Kunstschätzen der Sint Leonarduskerk im Städtchen Zoutleeuw › **S. 96**.

(26) Tim und Struppi in der Metro Auf den Wänden der Metrostation Stokkel/Stockel im Brüsseler Stadtteil Sint-Pieters-Woluwe/Woluwe-Saint-Pierre [F4–G5] hat das Studio Hergé nach Skizzen des Künstlers Hergé die Abenteuer von Belgiens berühmtem Comic-Helden verewigt.

(27) Bahnhof der Avantgarde Mit seinem kühnen Baldachin aus Stahl und Glas verwandelte Santiago Calatrava die Gare Liège-Guillemins › **S. 66** in Lüttich in Belgiens aufregendstes Bahnhofsgebäude.

(28) Reliquienschrein von Tournai 1247 wurde der im Domschatz von Tournai › **S. 131** zu bewundernde Schrein des hl. Eleutherius aus getriebenem Silber gefertigt, auf dem der Heilige ein Modell der romanischen Kathedrale in Händen hält.

(29) Geschnitzte Passion In der unscheinbaren barocken Klauskapelle [L8] des Weilers Hachiville/Helzingen verbirgt sich ein faszinierender spätgotischer Schnitzaltar, einer der größten Kunstschätze Luxemburgs.

(30) Jugendstilensemble Cogels Osylei im eleganten Antwerpener Wohnviertel Zurenborg [F2] ist ein einzigartiger Straßenzug mit reich ornamentierten Häusern im Stil der Belle Époque und des Art nouveau. Das schönste Jugendstilhaus: Nr. 80.

Ausblick vom Rozenhoedkaai

31 **Skulpturale Möbel** Ein Stuhl ist nicht einfach nur ein funktionales Sitzmöbel, befand der renommierte flämische Designer Pieter de Bruyne, ein Pionier der Postmoderne. Das Ergebnis ist im Designmuseum von Gent › S. 105 zu sehen: fröhlich, farbenfroh und amüsant.

... mit nach Hause nehmen sollten

32 **Brügger Spitze** Im Kantcentrum (Balstraat 16) können Sie den besten Spitzenklöpplerinnen des Landes über die Schulter sehen, bei 't Apostelientje [C3] feinste Spitzendeckchen kaufen (Balstraat 11, Tel. 0 50/33 78 60, www.apostelientje.be).

33 **Grand Cru Schokolade** Schon der Besuch des Flagshipstore von Pierre Marcolini [d4] in Brüssel ist ein Erlebnis, und die wie Juwelen in edlen Köfferchen mit ausziehbaren Schubladen verpackten Täfelchen und Pralinen sind ein himmlischer Genuss (1, rue des Minimes, Tel. 02/5 14 12 06, www.marcolini.be).

34 **Ein Comic von Hergé** Die beste Auswahl – auch Erstdrucke und Originalzeichnungen – führt die Buchhandlung des Musée Hergé in Louvain-la-Neuve [G5] (26, rue du Labrador, Tel. 0 10/48 84 27, www.museeherge.com).

35 **Cuberdons** »Gentse Neuzeke« (Genter Näschen) nennen die Flamen, »Chapeau de curé« (Pfarrershut) die Wallonen diese süße Spezialität aus Gent: nasenförmige lila Bonbons aus verdicktem Fruchtsaft mit klebrig-geleeartigem Inhalt. Die besten macht Temmerman [D3] (Kraanlei 79, Tel. 09/2 79 59 01).

36 **Schwarze Lederboots** Ann Demeulemeester, Belgiens bekannteste Modeschöpferin, verkauft ihre schwarz-weißen, ja dekonstruktivistisch-coolen Kreationen in Antwerpen neben ihrem Atelier [F2] (Leopold de Waelplaats, Tel. 03/2 16 01 33, www.anndemeulemeester.be).

37 **Elixir d'Anvers** 1863 erfand François-Xavier de Beukelaer in Antwerpen den süßen goldfarbenen Likör, der 32 Kräuter und Gewürze enthält und als Zutat vieler lokaler Cocktails verwendet wird. Es gibt ihn auch direkt in der Destillerie [F2] (Haantjeslei 132, Tel. 03/2 37 98 06, www.elixir-danvers.be).

38 **Brüsseler Ansichten** Tolle Schwarz-Weiß-Poster, Postkarten und schöne Fotos mit Brüsseler Motiven führt Plaizier [d4] (Oud Korenhuis 30/30, place de la Vieille Halle aux Blés, Tel. 02/5 13 47 30, www.plaizier.be).

39 **Chicoréekonfitüren** bietet der Laden des Jardin Botanique de Belgique [F4] (Domaine de Bouchout, Nieuwelaan 38, Meise, Tel. 02/2 60 09 81, www.jardinbotanique.be).

40 **Crémant de Luxembourg** Außerhalb Frankreichs darf nur Luxemburg den Begriff Crémant für seine versekteten Weine verwenden.

»Pröbeln« (verkosten) und kaufen können Sie die feinen Crémants von Poll Fabaire u.a. in der Vinothek Caves du Sud **[N11]** (32, route du Vin, L-5440 Remerschen, Tel. +352/23 66 48 26, www.vinsmoselle.lu).

(41) Éislecker Ham Den zartgeräucherten Ardenner Schinken kauft man am besten auf Luxemburgs Wochenmarkt (Mi, Sa 7–14 Uhr) auf der Place Guillaume II › **S. 140**.

… bleiben lassen sollten

(42) Auf Nepperlokale reinfallen Die Auslagen sehen attraktiv aus, doch das Preis-Leistungs-Verhältnis im Brüsseler Viertel Ilot Sacré ist auf unwissende Touristen ausgerichtet.

(43) Cannabis konsumieren Die konservative belgische Regierung verfolgt eine Null-Toleranz-Politik bei Drogen, auch bei Cannabis.

(44) Flohmarktbesuch ohne Taschenlampe Die besten Funde verbergen sich oft tief in den Kisten. Heimleuchten ist angesagt!

(45) Mit nicht-lizenzierten Taxis fahren Taxis ohne blau-gelbes Nummernschild am Kühler und gelbe Leuchte auf dem Dach sind Piratentaxis – Abzockgefahr!

(46) Kriegsgeschichten Besonders in den Ardennen sind schmerzliche Erinnerungen an den Krieg noch sehr lebendig. Sensibilität ist gefragt.

Süße Verführungen bei Marcolini

(47) Sich in den Sprachenstreit einmischen Grüßen Sie in Brüssel oder in der Nähe der Sprachengrenze mit »goeiedag, bonjour!«, dann sind Sie stets auf der sicheren Seite.

(48) Auf schwimmende Platten treten So manche Platte auf Brüssels Bürgersteigen ist lose. Wer bei Regen drauftritt, muss mit hochspritzendem Schmutzwasser rechnen.

(49) Ketchup auf Fritten Ketchup zu Pommes ist bei den Belgiern verpönt. Wenn schon, wird die Soße in einem Extraschälchen bestellt.

(50) Die Mittagspause stören Zwischen 12 und 14 Uhr isst ganz Luxemburg zu Mittag! Anrufe und Besuche lieber verschieben!

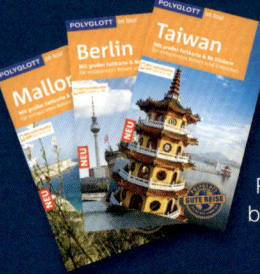

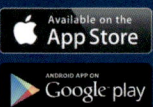

Was steckt dahinter?

Die kleinen Geheimnisse sind oftmals die spannendsten. Wir erzählen die Geschichten hinter den Kulissen und lüften für Sie den Vorhang.

Wie kommt man ans Trappistenbier?

Seit die Website RateBeer.com das in der Abtei Sant Sixtus (www.sintsixtus.be) gebraute Bier zum »besten der Welt« gekürt hat, rennen Bierfans den Trappistenmönchen in Westvleteren die Klosterbude ein. Der komplizierte Erwerb lässt an geniales Marketing durch künstliche Produktverknappung denken, folgt aber nur einer strengen Klosterregel, die den Wiederverkauf verbietet. Wer telefonisch durchkommt, muss das Kennzeichen des Fahrzeugs durchgeben, mit dem er dann zu exakt festgelegten Zeiten zwei Kästen mit je 24 Flaschen abholen darf. Das Starkbier »Westvleteren 12«, nur am gelben Kronkorken der etikettlosen Flasche zu erkennen, ist besonders begehrt. »Legal« ausgeschenkt wird Westvleteren nur im Café In de Vrede gleich neben der Abtei. Andere Bars in Belgien verkaufen es nur heimlich »unter der Theke«, und das zu astronomischen Preisen.

Wo und wie wurden die berühmten Fritten erfunden?

Die Franzosen behaupten zwar steif und fest, dass die ersten Pommes frites auf dem Pariser Pont-Neuf zubereitet wurden, doch die Belgier haben ganz zweifellos die hübschere Anekdote. Am Dreikönigstag pflegten die Fischer am Ufer der Maas kleine Fische in heißem Öl zu braten. Als dann während eines besonders strengen Winters der Fluss komplett zugefroren war, kam man auf die Idee, Kartoffeln in Streifen zu schneiden und sie wie Fische zu braten. Warum »Les Frites« so gut sind, ist dagegen nicht umstritten. »Schuld« ist die belgische Bintje-Kartoffel und die Tatsache, dass die dicken Stäbchen zweimal frittiert werden, das zweite Mal etwas heißer. Die Papiertüte saugt überschüssiges Fett auf.

Warum gibt es in Belgien so viele Börsen?

Anfang des 14. Jhs. trafen sich Kaufleute aus ganz Europa während der Messe im Gasthaus der in Brügge ansässigen Kaufmannsfamilie Van der Beurse, in deren Wappen drei Lederbeutel (lateinisch: bursa) zu sehen waren. Hier sammelte man Informationen und bahnte neue Geschäfte an. »Zu den Beursen« gehen wurde bald auch in anderen Städten Flanderns zum geflügelten Wort für solche Zusammenkünfte. Im Jahre 1409 dann wurde die Börse von Brügge gegründet. 1531 baute man in Antwerpen das erste feste Börsengebäude, auf dessen Front auf Lateinisch zu lesen stand: »Für Kaufleute aller Länder und Sprachen«.

Eine weite Dünenlandschaft lädt bei Oostduinkerke zum Spaziergang an der Nordsee ein

REISE-PLANUNG & ADRESSEN

Die Reiseregionen im Überblick

Am westlichen Rand Europas gelegen, zieht sich Belgien in sanften Wellen von den Ardennen bis zur Kanalküste. Eine ziemlich gerade Linie, die von Aachen bis auf die Höhe des französischen Lille führt, teilt das Land in Flandern im Norden und die Wallonie im Süden.

Brüssel ist die Hauptstadt des Königreichs Belgien. Sie ist ein Zwerg unter den europäischen Metropolen, doch auch die Hauptstadt der europäischen Union. Das verleiht der Stadt ein buntes, internationales Flair, das sich mit der Gemütlichkeit und Nachbarschaftlichkeit der flämisch-wallonischen Residenz aufs Beste mischt. Eine Fülle von architektonischen Kunstschätzen aus allen Epochen, eine interessante und reiche Museenlandschaft und eine ungewöhnliche Auswahl an Restaurants, Kneipen, Bars und Klubs machen Brüssel zu einem lohnenden Ziel für einen Wochenendtrip.

Die **Ardennen** stehen für grüne Wälder, reißende Flüsse mit kristallklarem Wasser, schroffe Schluchten und Höhlen. Gut erhaltene und verfallene Burgen thronen auf den Höhen, in den Flüssen schwimmen Forellen, im Wald leben Hirsche, Rehe und Wildschweine – und landen schließlich auf dem Teller der Feinschmecker.

Im nördlichen Landesteil reihen sich größere und kleinere Städte dicht an dicht. Fast jede hat eine Besonderheit zu bieten: einen ungewöhnlich schönen Marktplatz, ein stattliches Rathaus oder aber einen kunstvollen Belfried – jenen typischen schlanken Glockenturm. Für eine gemütliche Kunstreise auf der Suche nach den weniger bekannten Highlights bieten sich die Provinzen **Limburg**, **Antwerpen** und **Flämisch-Brabant** geradezu an. Einen Star gibt es auch: Die Hafenstadt Antwerpen prunkt mit der schönsten Kathedrale des Landes, ihrem imposanten

Daran gedacht?

Einfach abhaken und entspannt abreisen

- ☐ **Reisepass / Personalausweis**
- ☐ **Flug- / Bahntickets/ Hotelreservierung**
- ☐ **Fahrzeugschein Zulassungsbescheinigung Teil 1/ Führerschein** (Leihwagen)
- ☐ **Babysitter für Pflanzen und Tiere organisiert**
- ☐ **Zeitungsabo umleiten / abbestellen**
- ☐ **Postvertretung organisiert**
- ☐ **Hauptwasserhahn abdrehen**
- ☐ **Fenster zumachen**
- ☐ **Nicht den AB besprechen »Wir sind für zwei Wochen nicht da«**
- ☐ **Kreditkarte einstecken**
- ☐ **Medikamente einpacken**
- ☐ **Ladegeräte**
- ☐ **Fotoapparat**

Bei einer Grachtenfahrt lernt man Brügge von seiner schönsten Seite kennen

Rathaus und einem Blick über die Schelde, der auch der beständigsten Landratte unter Garantie Fernweh verursacht.

In **Ost- und Westflandern** befinden sich die beiden berühmtesten Kunststädte Belgiens: Gent und Brügge. Aber auch die kleineren Städte besitzen viel Flair und allerhand Sehenswertes. Zudem kann die Region mit schönen Landschaftsbildern punkten: Die flämischen Ardennen sind zwar alles andere als ein Hochgebirge, aber die sanften Hügel bieten viele Wander- und Ausflugsmöglichkeiten. Und dann ist da noch die viel geliebte belgische **Küste**. Fun-Touristen, Kinder, Wassersportler und Freunde langer Dünenwanderungen finden hier zu allen Jahreszeiten Erholung und Vergnügen.

Das **südliche Belgien** ist als Reiseziel wenig bekannt. Hier gilt es, die letzten Zeugen des Industriezeitalters zu entdecken. Die Schiffshebewerke am Canal du Centre – heute UNESCO-Weltkulturerbe – sind der markanteste Punkt einer Reise in die jüngste Vergangenheit.

So klein das **Fürstentum Luxemburg** auch ist, so vielfältig zeigt es sich. Die etwas behäbige Hauptstadt mit der mächtigen Zitadelle ist allemal einen Besuch wert. Eine Rundreise durchs Land führt durch eine ganze Palette malerischer Landschaften: Waldgebirge, auf deren Anhöhen Burgen und Schlösser stehen, die vielen Windungen der Mosel, an deren Hängen ein feiner, frischer Weißwein gedeiht, und die fruchtbare Ebene des Gutlands.

Klima & Reisezeit

Aufgrund seiner Lage an der Nordsee bietet Belgiens Westen ein Seeklima mit mäßig heißen Sommern, mit häufigen Niederschlägen von November bis März und mit eher feuchten als kalten Wintern.

Unter den Nullpunkt fallen die Temperaturen im Westen des Landes eher selten, während es im Osten Belgiens, insbesondere in den Ardennen, in den Wintermonaten richtig kalt werden kann. An ungefähr 100 Tagen im Jahr steigt das Thermometer dort nicht über Null. Schneefall ist garantiert und das ausgedehnte Waldgebirge bietet dann für Wintersportler hervorragende Langlaufmöglichkeiten.

Der Golfstrom sorgt dafür, dass an der Küste keine extremen Temperaturschwankungen zu erwarten sind, doch die vorherrschenden Westwinde bringen immer wieder Regenwolken mit sich. Da diese sich aber häufig erst ein paar Kilometer landeinwärts entladen, bleibt das Badevergnügen meist ungetrübt.

Als Reisezeit kann man daher beinahe das ganze Jahr empfehlen: Für Städtetouren bieten sich vor allem Frühjahr und Herbst an, wenn auch die meisten Kulturveranstaltungen stattfinden. Die Ardennen und die Küstenregion sind sowohl im Sommer als auch im Winter beliebte Urlaubsziele.

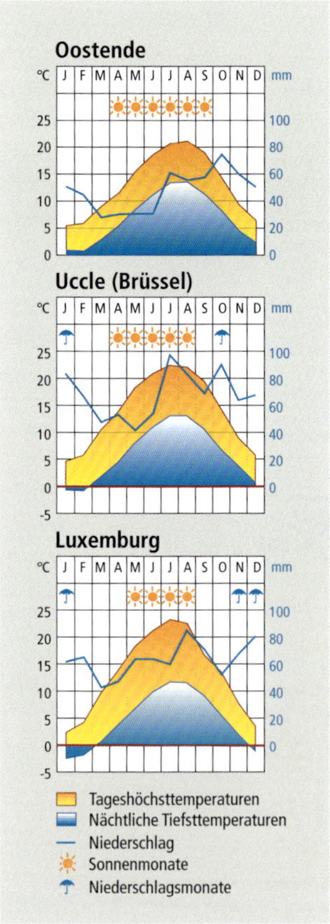

Eine Unterkunft ist fast zu allen Zeiten leicht zu bekommen. Wer jedoch den Besuch eines der kulturellen Großereignisse plant – Gentse Feesten, Blumenteppich oder Jazz Marathon in Brüssel, Heilig-Blut-Prozession in Brügge – sollte im Voraus reservieren. Dasselbe gilt für Zimmer und Ferienhäuser an der Küste, denn im Juli und August haben auch die Belgier Schulferien und fahren ans Meer.

Anreise

Mit dem Flugzeug

Der Flughafen **Brüssel-Zaventem** liegt 15 km nordöstlich des Zentrums. Er wird von fast allen Flughäfen Deutschlands, Österreichs und der Schweiz aus angeflogen. Zwischen Flughafen und Air-Terminal im Zentrum verkehrt im 20-Minuten-Takt ein Zug, der alle drei großen Bahnhöfe ansteuert (Fahrtzeit ca. 20 Min.). Einmal stündlich fährt ein Bus zum Europaviertel. Zudem gibt es eine Bahnverbindung nach Gent und Busverbindungen nach Antwerpen (50 Min.) und Liège (90 Min.).

Der Flughafen **Luxemburg-Findel** – 5 km vom Zentrum – wird mehrmals täglich von Frankfurt/M. und Zürich angeflogen. Zum Hauptbahnhof der Stadt Luxemburg gibt es einen Shuttledienst.

Mit der Bahn

Gute Verbindungen bestehen auf den Strecken Köln–Brüssel–Paris (per Thalys alle zwei bis drei Stunden) bzw. Köln–Brüssel–Oostende und Berlin–Oostende. Luxemburg ist über die Moselstrecke Koblenz–Trier–Luxemburg–Brüssel bzw. Aachen–Lüttich–Metz–Nancy ans europäische Schienennetz angeschlossen. Der DB NachtZug von Berlin und Hamburg nach Brüssel wurde leider eingestellt.

Mit dem Auto

Belgiens Autobahnnetz ist sehr gut ausgebaut, die Anreise via Deutschland führt über folgende Routen:

- von Norden über die E 34 Venlo–Eindhoven–Antwerpen;
- von Osten über die E 40 Köln–Aachen–Lüttich–Brüssel–Oostende;

Die Nordseeküste bei De Panne in Westflandern verspricht Urlaubsfreuden am Meer

- von Südosten über die E 42 Trier–Malmedy oder über die E 411 Luxemburg–Namur–Brüssel.

In Flandern und im Raum Brüssel sind Staus häufig. Oft geht nachmittags nichts mehr. Infos zur aktuellen Verkehrslage und zu Baustellen bietet die Website www.verkehrsinfo.de.

Reisen im Land

Mit der Bahn

Das belgische Schienennetz ist sehr dicht und gut ausgebaut. Auch wenn Sie mit dem Auto unterwegs sind, lohnt es sich, für Ausflüge in größere Städte den Zug zu nehmen, um sich die leidige Parkplatzsuche zu ersparen. Die Verbindungen zwischen den Städten sind sehr gut und regelmäßig, die Bahnfahrkarten etwas günstiger als in Deutschland. Die Züge der belgischen Eisenbahnen SNCB verkehren in der Regel im Stundentakt, auf den Hauptstrecken sogar noch häufiger. Zugpässe und Mehrfahrtenkarten sind erhältlich. Informationen zu Fahrplänen und Preisen sowie Online-Buchung unter www.belgianrail.be.

Mit dem Auto

Das belgische Straßennetz ist gut ausgebaut. Die einst umfassende Beleuchtung der Autobahnen ist allerdings inzwischen stark reduziert worden. Wer mit dem Auto unterwegs ist, dem sei angeraten, die internationale Versicherungskarte dabeizuhaben.

Besitzer eines Auslands- oder Euroschutzbriefes können rund um die Uhr telefonisch kostenlose Pannenhilfe von der nächsten Zentrale des belgischen Automobilklubs (TCB) anfordern, Notfalltelefon: 070/34 47 77. Informationen beim **Touringclub Royal de Belgique (TCB),** 44, rue de la Loi, 1040 Brussel, Tel. 02/2 33 22 02, www.touring.be.

Die Bußgelder für überhöhte Geschwindigkeit sind in Belgien ausgesprochen hoch: ca. 300 € für 20 km/h zu viel. Wenn der Fahrer nicht zahlt, kann das Auto beschlagnahmt werden.

SEITENBLICK

Verkehrsregeln

- Höchstgeschwindigkeit: auf Autobahnen und Schnellstraßen 120 km/h, auf Landstraßen 90 km/h, in geschlossenen Ortschaften 50 km/h
- Promillegrenze: 0,5
- Anschnallen ist Pflicht.
- Mitzuführen sind: Pannendreieck, Verbandskasten, Feuerlöscher, Warnweste (im Autoinneren).
- Gelbe Bordstein- oder Begrenzungslinien bedeuten Parkverbot.
- Öffentliche Verkehrsmittel haben immer Vorfahrt.

SPECIAL

Reisen mit Kindern

Kinder können in Belgien eine großartige Zeit verbringen – vor allem an der Küste. Hier locken neben Sand und Wasser sowie breiten Pisten für Bobbycar, Rad, Skateboard und Inliner auch viele aufregende Ausflugsmöglichkeiten: zu den **Krabbenfischern** in Oostduinkerke, die vor allem im Juli und August, also zur Ferienzeit, mit ihren Pferden auf Fang gehen, oder zu den Stachelrochen und Seepferdchen im **Sea Life Center** in Blankenberge, zum **Fischerboot Amandine** in Oostende, dem letzten Islandfahrer der belgischen Fischereiflotte, oder zu den tollen **Sandskulpturen in Oostende,** die von wahren Künstlern gestaltet werden – hier ist immer etwas los.

- **Krabbenfischer/Paardevissers** [A3]
  Aktuelle Zeiten in der Touristeninformation Oostduinkerke, unter www.paardevissers.be (Niederländisch) und auf Infotafeln am Strand.
- **Sea Life Center** [C2]
  Koning Albert I-Laan 116
  8370 Blankenberge
  www.sealifeeurope.com
  tgl. 10–18, Juli, Aug. 10–21 Uhr
- **Museumsschiff Amandine** [B3]
  Visserskaai
  8400 Oostende
  www.visitoostende.be
  tgl. 10–17 Uhr

Freizeitparks

Wenn es einmal etwas Besonderes sein soll, dann lockt ein Besuch in einem der vielen Freizeitparks: in den Märchenpark **Plopsaland,** ins **Bobbejaanland** bei Antwerpen oder ins **Walibi** nahe Brüssel mit rasanten Achterbahnen, Themenshows, Wasserrutschen und allerhand Action.

Ein Ausflug mit den Krabbenfischern ist nicht nur für Kinder ein herrliches Vergnügen

- **Plopsaland** [A3]
  De Pannelaan 68
  8660 De Panne
  Tel. 058/42 02 02
  www.plopsa.be
  Mitte Juli–Aug. tgl. 10–19 Uhr, sonst kürzer bzw. nur an Wochenenden, Jan.–April nur während der belgischen Weihnachts- und Osterferien;
  Eintritt je nach Körpergröße:
  bis 0,85 m kostenlos, bis 1 m 9,99 €, ab 1 m 30 € (online 29 €)
- **Bobbejaanland** [H2]
  Olensteenweg 45
  2460 Lichtaart (Nähe Antwerpen)
  Tel. 014/55 78 11
  www.bobbejaanland.be (auf Niederländisch u. Französisch)
  Anfang Juli–Aug. tgl. 10–18 Uhr, sonst kürzer bzw. nur an Wochenenden;
  Eintritt je nach Körpergröße:
  Erw. und Kinder über 1,40 m je nach Online-Promotion ab 24 €, Abo-Ermäßigungen erhältlich
- **Walibi Belgium** [G5]
  9, rue J. Deschamps
  1300 Wavre
  Tel. 010/42 15 00
  www.walibi.be
  Mitte Juni–Ende Aug. tgl. ab 10 Uhr, in den übrigen Monaten nicht an allen Tagen geöffnet. Eintritt Erw. 33 €, Kinder unter 3 Jahren kostenlos, Kinder von 3–11 Jahren und Senioren ab 55 Jahren 29 €

Nicht ganz so hektisch geht es in den Freilichtmuseen und Naturparks zu, wie beispielsweise in der **Domäne Bokrijk** bei Genk (Provinz Limburg), wo man den flämischen Alltag an der Wende vom 19. zum 20. Jh. erkunden kann.

- **Domäne Bokrijk** [K4]
  Bokrijklaan 1
  3600 Genk
  www.bokrijk.be
  April–Sept. tgl. 10–18 Uhr
  Eintritt Erw. 10 €, Kinder und Jugendliche 3–12 Jahre 1 €

Auf Antwerpens **Pirateninsel**, die in einem Lagerhaus eingerichtet wurde, toben sich Kinder auf einem echten Piratenschiff aus, während ihre Eltern gepflegt beim Kaffee sitzen.

- **Pirateneiland** [F2]
  Als Pirateninsel gestalteter Indoor-Spielplatz
  Kribbestraat 12–18
  2000 Antwerpen
  www.pirateneiland.be
  Öffnungszeiten variieren
  Kinder 9 €, erwachsene Begleitperson frei

Größere Kinder haben auch in den Ardennen viel Spaß – wenn schon nicht beim Wandern, dann bei einer Kajaktour auf einem der Gebirgsflüsse, einem Kletterabenteuer oder einem Besuch in einer der Tropfsteinhöhlen.

Bootsfahrten

Eine aufregende Abwechslung für Kinder bietet eine Bootsfahrt auf der Maas von Dinant nach Namur oder eine Fahrt auf dem Kanal Brüssel–Charleroi von Halle zur Schiefen Ebene von Ronquières.

- **Bateaux Touristes de la Meuse** [H7]
  64, rue Daoust | 5500 Dinant
  Tel. 082/22 23 15
  www.bateaux-meuse.be

Sport & Aktivitäten

Belgien ist Schauplatz traditionsreicher Radrennen, und viele Belgier eifern ihren Helden – von Eddie Merckx bis Tom Boonen – nach. Aber das Land bietet auch schöne Wanderungen und spaßige Paddeltouren.

Wandern

Allein das Netz der rot-weiß markierten Fernwanderwege umfasst in Belgien 5900 km. Als hervorragendes Wandergebiet locken die Ardennen, die ein dichtes Wegenetz durchzieht. Wanderführer und Tourenkarten stellen die meisten Verkehrsämter zur Verfügung. Auch im Hohen Venn kann man schöne Wanderungen unternehmen. Allerdings darf ein Teil des Naturschutzgebiets nicht betreten werden; andere Gebiete sind nur mit einem autorisierten Führer zugänglich.

Naturparkzentrum Botrange [M6]
- Route de Botrange | 4950 Robertville
  Tel. 080/44 03 00 | www.botrange.be

Radfahren

Belgien ist eine Radnation. Kein Wunder also, dass das ganze Land von zahlreichen ausgeschilderten Radrouten durchzogen ist. In Belgisch-Limburg, Antwerpen und im Maasland sind Radwege mit »Orientierungsknoten« markiert, die in dem Gewirr von einander vielfach kreuzenden Radwegen verlässliche Orientierung bieten. Zahlreiche fahrradfreundliche Unterkünfte, Fahrradabhol- und -servicestationen sowie Fahrradvermieter tragen das Gütesiegel »Accueil Vélo«/»Fietsvriendelijk logies«.

Praktisch für Bahnfahrer: An sehr vielen Bahnhöfen können Räder ausgeliehen werden. Für Mountainbiker sind 75 Routen mit den internationalen blauen Zeichen ausgeschildert. Informationen beim Belgischen Verkehrsamt › **S. 152** und unter www.radflandern.com.

Am Meer

Der 67 km lange Nordseestrand ist ein Badeparadies für alle, denen eher niedrige Wassertemperaturen nichts ausmachen. An vielen Stellen schirmt ein Dünengürtel den bis zu 100 m breiten Sandstrand vom Hinterland ab.

Beliebt ist die reizvolle flämische Küste auch bei Wattwanderern, Windsurfern, Seglern und Wasser-

Die Ardennen sind ein Dorado für Paddler jeden Alters

skifahrern. In De Panne kann man sogar das Strandsegeln ausprobieren.

- www.dekust.be

Kanu- und Kajakfahren

Für Einsteiger sind Touren mit Kanus oder Kajaks auf den Ardennenflüssen Ourthe und Lesse, aber auch in der flämischen Maasregion ein Erlebnis. Obwohl ab und zu kleine Stromschnellen dafür sorgen, dass man pitschnass wird, ist der Spaß ungefährlich. Die Boote kann man an vielen Orten mieten; für den Rücktransport sorgen gegen Aufpreis die Verleihfirmen.

- www.ardenne-aventures.be
  www.kajakmaasland.be

Skilanglauf

Die Ardennen sind das Langlaufdorado der Belgier. Ca. 600 km gespurte Loipen gibt es u. a. im Hohen Venn, insbesondere um Bütgenbach und Malmedy, bei Spa und Francorchamps, um Baraque de Fraiture, Bastogne und St-Hubert.

Centre d'action [K8]

- Rue de l'Eglise
  6980 La-Roche-en-Ardenne
  Tel. 084/41 19 81
  www.catpw.be

Unterkunft

In Belgien gibt es Unterkünfte für jeden Geschmack und (fast) jeden Geldbeutel. Auch ohne Reservierung lässt sich vor Ort ein Bett finden.

Nur während der Sommerferien werden schöne Quartiere an der Küste rar. In den Städten sind Wochenenden, an denen besondere Events auf der Agenda stehen, ebenfalls ausgebucht. Der flämische und der wallonische Tourismusverband geben jedes Jahr ein Hotelverzeichnis mit Preisen heraus

Elegant präsentiert sich das Foyer des Hotels Métropole

(erhältlich beim Belgischen Verkehrsamt › S. 152).

Auch Gästezimmer (B&B, chambres d'hôtes) bieten freundliche Aufnahme. Die Privatquartiere sind in der Regel preisgünstiger, das Ambiente – kleine Landschlösser, alte Höfe, elegante Stadthäuser – ist oft sehr schön. Vor allem an der Küste gibt es ein großes Angebot an Ferienwohnungen und -häusern, die über verschiedene Agenturen gemietet werden können.

Belgien und Luxemburg sind darüber hinaus auch Campingparadiese. Die größte Auswahl an Campingplätzen bieten die Nordsee und die Ardennen. Die Plätze sind in der Regel gut ausgestattet. Auf vielen Campingplätzen sind auch Wanderhütten zu mieten, die vier Personen Platz bieten. Die Ausstattung ist einfach, aber ausreichend, bei Bedarf können gegen Aufpreis Töpfe, Besteck und Geschirr ausgeliehen werden.

Jugendherbergen stehen Gästen jeden Alters offen. Viele bieten auch Zimmer für Familien und einfache Doppelzimmer. Einzige Voraussetzung: ein gültiger Jugendherbergsausweis.

Vlaamse Jeugdherbergen [F2]

- Beatrijslaan 72 | 2050 Antwerpen
  Tel. 03/2 32 72 18
  www.jeugdherbergen.be

Les Auberges de Jeunesse ASBL, Bureau central [b5]

- 45-51, rue du Luxembourg
  1050 Brussel | Tel. 02/2 19 56 76
  www.laj.be

! Erstklassig

Die stilvollsten Hotels in Belgien

- **Hotel Métropole:** Brüsseler Luxushotel im Stil der Belle Époque, mit großen Zimmern. › S. 56
- **Monty Hotel:** 18 mit Designermöbeln eingerichtete Zimmer in einer schönen Stadtvilla in der Hauptstadt Brüssel. › S. 56
- **Hotel 't Sandt** [F2]: 30 individuell gestaltete Zimmer und Suiten in einem eleganten Stadtpalais, DZ ab 150 € (Wochenende).
  Zand 13–19 | 2000 Antwerpen
  Tel. 03/2 32 93 90
  www.hotel-sandt.be
- **St-Jorishof** [D3]: Schlafen, wo Karl V. und Napoleon nächtigten: im historischen Haus der Armbrustschützen. Moderne Zimmer mit allem Komfort, DZ ab 105 €.
  Botermarkt 2 | 9000 Gent
  Tel. 09/2 24 24 24
  www.courstgeorges.com
- **Hotel Ter Duinen** [C3]: Stilvoller kann man es kaum antreffen: direkt an einer Gracht, im weniger trubeligen Hanseviertel, DZ gibt es ab 145 €.
  Langerei 52 | 8000 Brugge
  Tel. 050/33 04 37
  www.terduinenhotel.be
- **Loxley B&B** [A3]: Hübsche Sommervilla mit Garten, Veranda, Kamin und sämtlichen Annehmlichkeiten, DZ 110 €.
  Bauwenslaan 2 | 8670 Koksijde
  Tel. 04 95/51 07 71
  www.loxley.be

Bis heute das Herz der Stadt Brüssel:
die beeindruckende Grand-Place

LAND & LEUTE

Steckbrief

- **Fläche:** 30 545 km², (Flandern 13 521 km², Wallonie 15 991 km², deutschsprachige Gemeinschaft 854 km², Brüssel 162 km²)
- **Einwohner:** 11,1 Mio.
- **Bevölkerungsdichte:** 364 Einw./km²
- **Höchste Erhebung:** Signal de Botrange (694 m)
- **Religion:** 58 % Katholiken; 7 % Andere christliche Religionen; 5 % Muslime; 0,4 % Juden; 29,6 % Sonstige
- **Sprachen:** 59 % Flämisch; 40 % Französisch; 1 % Deutsch

- **Landesvorwahl:** 0032
- **Währung:** Euro
- **Zeitzone:** Mitteleuropäische Zeit

Lage

Belgien liegt im Westen Europas, an der Kanalküste. Seine Nachbarn sind die Niederlande, Deutschland, Luxemburg und Frankreich, mit dem es die längste Grenzlinie teilt (620 km). Mit den gut 30 000 km² beansprucht es nur wenig mehr Platz als das Bundesland Brandenburg. Den Südosten nehmen die Ardennen ein, die im Durchschnitt eine Höhe von 420 m erreichen. Von dort aus senkt sich das Land, zunächst in sanften Wellen, langsam hinab zum Meer.

Politik und Verwaltung

Belgien ist eine konstitutionelle Monarchie mit einem König an der Spitze. Seit 2013 hat Philippe (geb. 1960) dieses Amt inne. Im Zuge der Verfassungsreformen der 1980er-Jahre hat sich das ursprünglich zentralistisch regierte Land in einen föderalistischen Bundesstaat mit zehn Provinzen gewandelt – im Wesentlichen eine Reaktion auf die zunehmenden Spannungen zwischen dem wallonischen und dem flämischen Teil. Die politische Macht liegt allerdings hauptsächlich bei den Vertretungen der Sprachgemeinschaften, die z. B. in den Bereichen Sprache, Kultur und Bildung weitgehende Kompetenzen haben. Die drei Regionen wiederum (Wallonie, Flandern und Brüssel) verantworten Fragen wie Naturschutz, Stadtplanung und Arbeitsmarktpolitik.

Zur Region Flandern im Norden gehören die Provinzen Antwerpen, Ostflandern, Westflandern, Flämisch-Brabant und Limburg. Die französischsprachige Wallonie im Süden umfasst die Provinzen Namur, Liège (Lüttich), Hainaut (Hennegau), Wallonisch-Brabant und Luxembourg Belge (Belgisch-Luxemburg). Die zweisprachige Region Brüssel gehört keiner Provinz an. Die deutschsprachigen sog. Ostkantone sind Teil der Provinz Liège.

Die Tatsache, dass sich die Parteien nicht nur nach ihrer politischen Ausrichtung unterscheiden, sondern ihre jeweilige Basis entweder im flämischen oder im wallonischen Landesteil haben, erschwert regelmäßig die Regierungsbildung nach den Wahlen. Vor allem im flämischen Landesteil gibt es starke separatistische Tendenzen, die die Zukunft des Landes immer wieder ungewiss erscheinen lassen.

Wirtschaft

Nach dem Niedergang der wallonischen Kohle- und der Stahlindustrie seit den 1960er-Jahren hat sich innerhalb des Landes ein umfassender Strukturwandel vollzogen. In Limburg und Ostflandern haben sich Betriebe angesiedelt, deren Schwerpunkt auf neuen Technologien liegt: Software, Elektronik und Biochemie. Antwerpen ist nicht nur eine der bedeutendsten Hafenstädte der Welt, sondern auch das Zentrum der chemischen und Erdöl verarbeitenden Industrie. Ein weiterer bedeutender Erwerbszweig ist die Verarbeitung von Diamanten. Vier Diamantenbörsen verhelfen Antwerpen zum Ruhm eines Welthandelszentrums für die edlen Steine. Seit einigen Jahren ist zudem die Kreativität junger Modemacher und Designer ein spürbarer Wirtschaftsfaktor der Hafenstadt. Auch wenn die Landwirtschaft bei den Beschäftigtenzahlen und beim Bruttoinlandsprodukt eine relativ geringe Rolle spielt, hat der stark intensivierte Gemüseanbau traditionell eine wichtige Bedeutung im Agrarsektor. Nicht weniger als ein Viertel des Landes wird landwirtschaftlich genutzt.

Bevölkerung und Sprache

»Belgier«, lautet ein geflügeltes Wort, »gibt es gar nicht.« Die Bevölkerung von 11,1 Mio. zerfällt – nahezu wörtlich – in die Niederländisch sprechende Gruppe der Flamen und die französischsprachige Gruppe der Wallonen; hinzu kommen knapp 1 % deutschsprachige Belgier in den Ostkantonen.

Ein hoher Anteil an Einwanderern (8 % aus 114 Ländern) trägt ebenso zum Sprachengemisch bei. Doch der komplexe politische Streit wird ausschließlich zwischen Wallonen und Flamen ausgetragen › **S. 38.**

Diamanten aus Antwerpen

Geschichte im Überblick

1. Jahrtausend v. Chr. Keltenstämme besiedeln Westeuropa.
57 v. Chr. Cäsars Soldaten unterwerfen die Gallier, darunter den Stamm der »Belgae«. Gründung der Provinz Gallia Belgica.
3.–5. Jh. Die Franken queren den Rhein und besiedeln Gallien. Die Christianisierung beginnt.
721 Gründung des Bistums Lüttich.
843 Teilung des Frankenreiches. Die Schelde teilt Flandern von der Wallonie, die nun zu »Lotharingien« gehört.
11. Jh. Der Aufbau des Tuchhandels bringt Flandern großen wirtschaftlichen Aufschwung.
1302 In der »Schlacht der Goldenen Sporen« bei Kortrijk besiegen schlecht bewaffnete flämische Bauern, Handwerker und Bürger ein französisches Ritterheer.
1369 Margarethe, Tochter des letzten Grafen von Flandern, heiratet Philipp den Kühnen von Burgund. Flandern wird burgundisch.
15. Jh. Die Herzöge von Burgund erobern und erwerben das ganze Gebiet des heutigen Belgien: Es folgen wirtschaftlicher Aufschwung und kulturelle Blütezeit.
1425 Die Universität von Löwen (Leuven) entwickelt sich zum europäischen Zentrum für Rechtswissenschaft.
1477 Maria, die Tochter und Erbin des letzten Herzogs von Burgund, heiratet Maximilian von Österreich. Die »Niederen Lande« fallen an die Habsburger.
1541 Mercator zeichnet die erste Landkarte von Flandern.
1555 Karl V. muss nach seiner Niederlage gegen die protestantischen deutschen Fürsten zugunsten seines Sohnes, Philipp II. v. Spanien, auf die Niederen Lande verzichten.
1566 Der spanische Herzog von Alba errichtet eine Schreckensherrschaft. Tausende von Protestanten flüchten, das wirtschaftliche und kulturelle Leben verödet.
1579 Die sieben nördlichen protestantischen Provinzen, die heutigen Niederlande, schließen sich in der Utrechter Union zusammen und erklären 1581 ihre Unabhängigkeit.
1648 Westfälischer Friede: Spanien erkennt die Unabhängigkeit der Nordprovinzen an. Belgien bleibt spanisch.
1667 Der französische König Louis XIV. erobert Teile Flanderns und des Hennegaus. Lille wird französisch.
1701–1713 Der Spanische Erbfolgekrieg wütet in Belgien. Im Frieden von Aachen fallen Belgien und Luxemburg an Österreich.
1795 Das revolutionäre Frankreich annektiert Belgien und Luxemburg, die bis zum Sturz Napoleons französisch bleiben.
1815 Letzte Niederlage Napoleons in Waterloo. Die Niederlande und Belgien werden unter Wilhelm I. von Oranien zum Königreich der Vereinigten Niederlande zusammengefasst.

1830/31 Revolution in Brüssel; Unabhängigkeit Belgiens als neutrales Königreich unter Leopold von Sachsen-Coburg.
1839 Luxemburg wird unabhängig.
1881 König Leopold II. erwirbt den Kongo: Belgien wird Kolonialmacht.
1914–1918 Erster Weltkrieg: Deutsche Truppen besetzen Belgien und Luxemburg.
1940–1944 Die Deutsche Wehrmacht besetzt die neutralen Länder Belgien und Luxemburg, die belgische Regierung flieht nach Großbritannien.
1948 Zoll- und Wirtschaftsunion der Beneluxstaaten.
1957 Belgien und Luxemburg gründen zusammen mit Frankreich, Italien, Niederlande und Deutschland die Europäische Wirtschaftsgemeinschaft.
1971 und **1980** Verfassungsreformen zugunsten der beiden Sprachgruppen.
1993 Albert II. besteigt den Thron. Belgien wird Bundesstaat; die drei Sprachgruppen erhalten eigene Parlamente und weitgehende Selbstbestimmungsrechte.
2013 Nach der Abdankung von Albert II. wird Philippe König der Belgier.
2014 Seit Oktober führt Charles Michel vom Mouvement Réformateur (MR) als belgischer Premierminister die Föderalregierung des Königreichs.
2015 Mons ist Europäische Kulturhauptstadt (neben der Stadt Plzeň in Tschechien).

Natur & Umwelt

Waldlandschaften, Hügel, Felder und die See

So klein das Land, so mannigfaltig seine Landschaften: Im Südosten Belgiens, geografisch dem Rheinischen Schiefergebirge zugehörig, erhebt sich das bewaldete Mittelgebirge der Ardennen mit seinen Schluchten und Höhlen. Die Maas, einer der bedeutendsten Flüsse Europas, durchfließt es. Belgiens höchste Erhebungen liegen im Osten, nahe der deutschen Grenze, wo wasserundurchlässige Schieferböden eine weite Hochmoorfläche, das Hohe Venn, geschaffen haben, heute ein beliebtes Wandergebiet. Die Niederen Ardennen, durch die Landschaftsnamen Condroz, Famenne und Herveland markiert, schließen sich mit ihren hügeligen Hochflächen im Westen an – eine milde, fruchtbare Landschaft mit Feldern und Obstbaumplantagen. Im Südwesten, in der Borinage, hat man die Erde auf der Suche nach Steinkohle schon im vorletzten Jahrhundert aufgerissen. Nach Norden hin breiten sich die ebenfalls hügeligen Landstriche Südbrabants und des Haspengaus aus, mit ihren schweren Lehmböden außerordentlich fruchtbare Gebiete. Karger wird das Bild in der welligen Heidelandschaft des Kempenlandes an der Grenze zu den Niederlanden.

Die Aufforstung und der Ausbau von Bewässerungssystemen haben den Anbau von Feld- und Ackerfrüchten, vor allem aber die Zucht von Schnittblumen möglich gemacht. Nach Westen zu gehen die Hügel Mittelbelgiens über in das offene Tiefland Westflanderns mit weiten, von kleinen Entwässerungskanälen durchzogenen Wiesenflächen. Der 67 km lange Sandstrand mit bis zu 30 m hohen Dünen schließt das Land zur Nordsee hin ab.

Natur

Ursprüngliche Natur ist in der dicht besiedelten Kulturlandschaft Belgiens rar geworden. Ausufernde Ballungsgebiete, Industrieansiedlungen und intensive Landwirtschaft haben ihren Tribut gefordert. Nur an wenigen Stel-

SEITENBLICK

Der Sprachenstreit

Der schwer lösbare Konflikt zwischen Flamen und Wallonen, der bereits mehrere belgische Regierungen zu Fall brachte, reicht weit in die Geschichte des Landes zurück: Während der Blütezeit Flanderns und Brabants, also bis ins 16. Jh., war Niederländisch die Sprache der wohlhabenden Kaufleute, der Handwerker und der Gebildeten. Im Verlauf der Religionskriege flüchteten viele der meist flämischen Protestanten. Die flandrischen Landstriche verwaisten, die zurückbleibende Bevölkerung verfiel nach und nach in ihre alten, regional gefärbten Dialekte. Lesen und Schreiben, einst eine Selbstverständlichkeit, war bald nur noch einer Minderheit geläufig. Mittlerweile waren die wallonischen Regionen durch die Kohlevorkommen wirtschaftlich zu Macht gelangt. Französisch wurde zur Herrschaftssprache. Auch die nationale belgische Revolution 1830 wurde von den Frankophonen getragen.

Erst Schriftsteller wie Guido Gezelle (1830–1899) und Hendrik Conscience (1812–1883) weckten wieder das Bewusstsein der Flamen für ihre kulturelle Identität. Diese Autoren vereinten die bäuerlich gefärbten Dialekte zu einer Schriftsprache, und gegen viele Widerstände errang das Flämische den Status einer gleichberechtigten Landessprache.

Seitdem die flämischen Landesteile die wallonischen auch wirtschaftlich überflügelten, haben sich die Machtverhältnisse umgekehrt. Die Flamen sehen sich als eigentliche Träger der belgischen Wirtschaftskraft. Vor allem populistische Parteiprogramme versuchen mit der Forderung, der Wallonie die Subventionen zu kürzen, zu punkten. Am deutlichsten tritt das Sprachenproblem in der Region Brüssel zutage. In der Stadt spricht man Französisch, im Umland Flämisch. Doch mit jeder Familie, die aus der Stadt hinaus ins Grüne zieht, ändert sich die alt hergebrachte Sprachlandschaft.

Bei aller politischen Zwietracht: Im Alltag spielt der Streit oft keine Rolle. Vor allem in Brüssel wechseln viele mühelos vom Niederländischen ins Französische – in die andere Richtung gibt es allerdings mehr Probleme.

len, streng geschützt und sorgfältig aufbereitet, ist noch ein letzter Rest Natur zu besichtigen, so etwa im Hochmoor Hohes Venn mit seiner einzigartigen Vegetation, in der Heidelandschaft des Nationalparks Hoge Kempen im Nordosten Flanderns, im Vogelschutzgebiet Het Zwin bei Knokke oder in einigen Teilen der Ardennen, wo noch Wildschweine, Rehe und manchmal sogar ein kapitaler Hirsch durch die Wälder streifen.

Das spätgotische Rathaus von Oudenaarde

Kunst & Kultur

Romanik und Gotik

In und um Lüttich, dem ersten Bistum des Landes, wurden bereits um das Jahr 1000 hochrangige Kunstwerke geschaffen wie das Taufbecken der Kirche St. Barthélémy, das Renier de Huy 1115 goss.

Ein herausragendes Bauwerk der Romanik ist die Kathedrale von Tournai (1141), deren fünf Türme bereits im Stil der Gotik errichtet wurden. Elegant in die Höhe wachsende Bündelpfeiler, ausgeklügeltes Strebewerk und große Fenster, die die hohen Räume in farbiges Licht tauchten, sind die Merkmale vieler nachfolgender Gotteshäuser u. a. in Brüssel, Antwerpen und Mechelen. Der in Flandern hervorgebrachte Flamboyantstil war auch für Profanbauten wie geschaffen. Die Rathäuser in Leuven und Oudenaarde sind die berühmtesten Beispiele dafür. Auch Tuch- und Fleischhallen wuchsen im neuen Stil empor.

Die Welt der schönen Bilder

Im 15. Jh. entstanden die Tafelbilder Rogier van der Weydens, Jan und Hubert van Eycks (Genter Altar) und Hans Memlings. Sie bestechen durch ein neues Verhältnis zur Realität, minutiöse Landschaftsdarstellungen und ausdrucksstarke Gesichter. Wohlhabende Städte stellten nun Stadtmaler an, die zu festgelegten Bedingungen für sie arbeiteten. Es entstand erstmals ein regelrechter Markt für Gemälde.

In Oudenaarde, Brüssel und Tournai entwickelte sich, begünstigt durch die Großaufträge der Herzöge von Burgund, die Bildweberei. Messingarbeiten aus Dinant, sog. »Dinanderien«, waren als Leuchter, Taufbecken und Lesepulte begehrt.

Peter Paul Rubens (1577–1640)

Renaissance und Barock

Im 16. Jh. überflügelte Antwerpen als Warenumschlagplatz die Stadt Brügge. In den gebildeten Schichten verbreitete sich das Ideengut des Humanismus – u.a. durch die Bücher des Antwerpener Druckhauses Plantin. Das Rathaus von Antwerpen war das erste Gebäude im flämischen Renaissancestil: Giebel, Säulen, Obelisken und Kartuschen gliederten die Fassaden der Repräsentationsbauten. Der bedeutendste Maler jener Zeit war der in Antwerpen und Brüssel lebende Pieter Brueghel der Ältere (ca. 1525–1569).

Es war aber auch eine Epoche des Umbruchs. Protestantischer Bildersturm, Unabhängigkeitskriege und französische Besatzung hinterließen geplünderte Kirchen, die im 17. Jh. barock neu ausgestattet wurden. Der Marktplatz von Brüssel ist ein großartiges Beispiel barocken Städtebaus. Peter Paul Rubens richtete in Antwerpen sein Atelier ein und befruchtete die europäische Kunst.

Vom Historismus bis zur Gegenwart

Nach einer Epoche des wirtschaftlichen und künstlerischen Niedergangs verlangte erst Ende des 19. Jhs. der neu geschaffene belgische Staat wieder nach repräsentativen Prachtbauten. Der Historismus, der Versatzstücke früherer Stile neu mixte – exemplarisch am Brüsseler Justizpalast zu studieren – kam diesem Bedürfnis entgegen. Zugleich entstanden kapriziöse Jugendstilbauten, die von Architekten wie Victor Horta (1861–1947) bis ins letzte Detail ausgestaltet wurden.

In der Malerei des 20. Jhs. feierte der Surrealismus von René Magritte und Paul Delvaux Triumphe; einzigartig sind die Werke von James Ensor. In der Literatur sind Schriftsteller wie Maurice Maeterlinck (Literaturnobelpreis 1911), Georges Simenon oder Hugo Claus hervorzuheben. Jacques Brel mit seinen Chansons sei stellvertretend für die Musikszene des 20. Jhs. genannt.

Einen besonderen Beitrag zur bildenden Kunst leistet Belgien etwa seit dem Jahr 1930: Die »Bandes Dessinées«, kurz »BD« genannt und mit »Comics« nur unzureichend übersetzt, haben eine neue Kunstgattung hervorgebracht, die Millionen von Lesern gewonnen hat – die Sprache der Bilder scheint ein einigendes Band in diesem vom Sprachenstreit zerrissenen Land zu sein. Mit Helden wie Gaston von André Franquin oder Spirou und Fantasio von Rob-Vel/Jijé etablierte sich die franco-belgische Schule des Comic-Zeichnens. Sie hat Hergé (Tim und Struppi), Morris (Lucky Luke), Peyo (Die Schlümpfe) und Schuiten/Peeters (Brüssel) hervorgebracht. Im Brüsseler Comic-Museum, dem von Victor Horta geplanten einstigen Nobelkaufhaus Maison Waucquez, kann man sich Originalentwürfe und Raritäten sowie Zeichentrickfilme ansehen (20, rue des Sables, tgl. 10–18 Uhr, www.cbbd.be).

Feste & Veranstaltungen

Volksfeste, Jahrmärkte, Umzüge und Prozessionen überziehen Belgien von Ostern bis in den Herbst hinein mit bunter Fröhlichkeit.

An erster Stelle stehen die religiösen Feste: Die Heilig-Blut-Prozession in Brügge sowie der »Ommegang«, ein farbenprächtiger historischer Umzug über den Brüsseler Großen Markt. Aber auch den Karneval begeht man, und zwar ebenso ausgelassen wie im Rheinland.

Festkalender

Karneval: Umzüge u.a. in Stavelot, Binche, Aalst, Eupen und Malmedy.

Ostern: Am Karfreitag großer **Blumenmarkt** in Tournai.

April: Alle fünf Jahre Blumenschau **Floralien** in Gent (2020).

Mai: Ab Mitte Mai präsentiert das **KunstenFESTIVALdesArts** internationale Musik-, Tanz-, Theater- und Opernproduktionen in Brüssel. Letztes Wochenende: **Jazz-Rallye** in Brüssel. Himmelfahrtstag: **Heilig-Blut-Prozession** in Brügge, **Hanswijck-Prozession** in Mechelen.

Juni: Am zweiten Sonntag Umzug mit 15 Riesenfiguren inkl. Blumenkorso und **Festival der Militärmusik** in Tournai.

Juni/Juli/August: In Oostende findet das **Sandskulpturenfest** statt (www.zandsculpturen.be).

Juli: Erster Donnerstag **Ommegang** auf der Grand-Place in Brüssel; **Festival Francofolies** in Spa für zeitgenössische Musik aus dem französischen Sprachraum.

Mitte Juli: Zehn Tage **Gentse Feesten** in Gent, eines der größten Volks- und Folklorefeste Europas; dritter Samstag: **Parade der Riesen** in Wenduine; letzter Sonntag: **Bußprozession** in Veurne.

August: Letzter Sonntag: **Riesen-Hochzeit** in Ath; Riesen-Umzug in Dendermonde; **Bogenschützentreffen** am Grote Markt in Oudenaarde. Alle zwei Jahre (2016, 2018 etc.) ziert am 15. Aug. ein **Blumenteppich** die Grand-Place von Brüssel.

September: Erstes Wochenende: **Pestprozession** in Tournai; erster Sonntag: **Open Monumentendag** (»Tag des offenen Denkmals«) in ganz Belgien.

Dezember: Rund um die Brüsseler Grand-Place präsentieren die Länder Europas auf dem **Europäischen Weihnachtsmarkt** in 220 Ständen und Buden ihre typischen Produkte.

Essen & Trinken

Die belgische Küche ist eine gelungene Mischung aus der gehaltvollen großbürgerlichen Küche der wohlhabenden Kaufleute Flanderns und Brabants und französischem Raffinement. Sowohl in Belgien als auch in Luxemburg kann man hervorragend speisen.

Regionale Spezialitäten werden sorgfältig gepflegt. Schinken aus den Ardennen, frische Muscheln und Krabben können der vielversprechende Auftakt zu einem opulenten Mahl sein. Zum Hauptgang serviert man gern Fisch oder Meeresfrüchte, in der Saison häufig Muscheln in Gemüsesud. Kaninchen mit Pflaumen in Senfsoße oder Flämische Karbonade (eine Art Rinderschmorbraten) sind ebenfalls nicht zu verachten.

Im März sind Hopfensprossen eine Delikatesse. Kenner halten sie für noch köstlicher als den Spargel von Mechelen. In den Ardennen und in Luxemburg stehen oft Forelle oder Wild auf der Karte. Wer Süßes mag, kann in Belgien schwelgen.

Die bekannteste Spezialität des Landes sind jedoch die »Frites«, die am besten in der traditionellen »frietkot« (in der Wallonie: »Friterie«) schmecken. Neben Pommes frites werden dort auch Schaschlik, Kroketten und Fleischbällchen verkauft. Nordamerikanische Soldaten lernten die Fritten während des Ersten Weltkrieges im französischsprachigen Wallonien kennen und tauften sie irrtümlich »french fries«.

Überreich ist das Angebot an Biersorten, wobei ähnliche Geschmacks- und Qualitätsunterschiede gelten wie anderswo beim Wein. Im luxemburgischen Moselgebiet wird ein hervorragender trockener Weißwein gekeltert.

! Erstklassig

Empfehlenswerte Restaurants

- Das **Comme chez soi** ist eine Brüsseler Institution mit traditionsbewusster, dennoch fantasievoller Küche. › **S. 57**
- Das charmante **La Bergerie** bietet solide belgische Küche mit vielen Produkten aus eigener Herstellung. › **S. 77**
- **De Karmeliet:** In Brügge pflegt der renommierte Geert van Hecke einen sehr persönlichen Kochstil. › **S. 111**
- **Hof van Cleve** €€€ [D4] Gehobene Küche mit exquisiten Zutaten in einem restaurierten Bauernhaus bei Oudenaarde. Reservierung über die Website (Riemegemstr.1, 9770 Kruishoutem, www.hofvancleve.com).
- **La Cristallerie** €€€ [c3] Grand Cuisine in prachtvollem klassischem Rahmen (28, place des Armes, 1136 Luxembourg, Tel. 003 52/27 47 37, www.hotel-leplacedarmes.com).

SPECIAL

Belgische Braukunst

Lieben Sie Ihr Bier frisch und herb, malzig-süß oder kräftig-bitter, mit Koriander oder mit Kirschen? Jeder Getränkemarkt in Belgien ist ein Bier-Schlaraffenland, jede Straßenkneipe ein kleines Paradies. Wer die mehr als 500 Sorten durchprobieren möchte, müsste Monate im Land verbringen.

Wie jedes Bier bestehen auch die belgischen Klassiker aus Hopfen, Malz und Wasser. Höchst unterschiedlich sind jedoch die Feinrezepturen der jeweiligen Braumeister. Entscheidend für Farbe und Aroma ist das Malz, die Hefe steuert den Gärprozess, und der Hopfen ist sowohl für die Konservierung als auch für eine feste Blume ausschlaggebend. Dazu gesellen sich, je nach Sorte, verschiedene natürliche Aromastoffe wie Gewürze, Früchte oder Kräuter (Homepage der Konföderation der Brauereien Belgiens: www.belgianbrewers.be).

Zunft der Bierbrauer

Rund 30 Betriebe der Vereinigung der belgischen Brauereien präsentieren jeden September auf der Grand-Place in Brüssel ihre neuesten süffigen Kreationen (www.belgianbrewers.be, unter Evènements). Ganzjährig steht das **Brauereimuseum** offen.

- **Belgian Brewers** [c4]
  10, Grand-Place
  1000 Brussel
  Tel. 02/5 11 49 87
  Tgl. 10–17 Uhr

Biermuseen und Schaubrauereien

Immer noch besitzen viele Orte ihre eigenen Brauereien. Und selbstverständlich endet jede Besichtigung mit einer ausführlichen Bierprobe in der hauseigenen Brasserie.

- **Dampfmaschinenbrauerei** [D6]
  1, rue du Maréchal
  7904 Pipaix en Hainaut

Bei herrlichem Wetter zieht es die Belgier hinaus in die zahlreichen Biergärten

Tel. 069/66 20 47
www.vapeur.com
Letzter Sa im Monat 9–19 Uhr

- **Brasserie des Bocqs** [H7]
  Rue de la Brasserie
  5330 Purnode
  Tel. 082/61 07 80
  www.bocq.be
  Führungen auf Anfrage
- **Bières de Chimay** [G9]
  8, route Charlemagne
  6464 Bailleux-Chimay
  Tel. 060/21 03 11
  www.chimay.com
  Führungen tgl. 10 und 14 Uhr
- **Brasserie Caracole** [H8]
  86, Côte Marie-Thérèse
  5500 Falmignoul
  Tel. 082/74 40 80
  www.brasserie-caracole.be
  Juli, Aug. tgl. 13–19, sonst
  Sa 14–19 Uhr
- **Brasserie Cantillon** [d2]
  56, rue Gheude
  1070 Brussel
  Tel. 02/5 21 49 28
  www.cantillon.be
  Mo–Fr 8.30–17,
  Sa 10–17 Uhr

Gueuze-Tour

Stadtrundgänge zum Thema »Brüsseler Bier« (in der Regel auf Französisch) inklusive eines traditionellen Essens bietet das Zentrum für Wirtschafts- und Sozialgeschichte La Fonderie in Molenbeek an. Angeschlossen ist auch ein Museum.

- **La Fonderie** [b2]
  27, rue Ransfort
  1080 Brussel
  Tel. 02/4 10 99 50
  www.lafonderie.be

Abtei für Genießer

In den Gewölbesälen der Prämonstratenserabtei **Floreffe,** 17 km südwestlich von Namur, werden zu den hausgebrauten Bieren auch Käse, Pasteten und Forellen aus eigener Produktion serviert.

- **Abbaye Floreffe** [H6]
  7, rue du Séminaire
  5150 Floreffe
  Tel. 081/44 53 03
  www.abbaye-de-floreffe.be

Gerstensaft-Spezialist

Gut 300 Biersorten und einen Wirt, der als Experte für belgischen Gerstensaft im ganzen Land bekannt ist, findet man in **'t Brugs Beertje.**

- **'t Brugs Beertje** [C3]
  Kemelstraat 5
  8000 Brugge
  www.brugsbeertje.be
  Tgl. außer Mi ab 16 Uhr

Kleines Bierlexikon

- **Bière des Ours:** Mit Honig aromatisiertes »Bären-Bier« aus Binche.
- **Blanche/Witbier:** Junges, ungefiltertes Weizenbier, meist mit Koriander und Orange aromatisiert. Bekannteste Marke: Hoegaarden.
- **Lambic/Lambiek:** Diesem nur in Brüssel gebrauten Bier wird keine Hefe zugesetzt, der Gärvorgang kommt spontan zustande.
- **Geuze:** Leichtes, süffiges Lambic, typisch säuerlicher Geschmack.
- **Kriek:** Ein Lambic-Bier, dem während der Reife Kirschen zugesetzt werden.
- **Trappistbier:** Untergäriges, dunkles Spezialbier nach traditioneller Klosterrezeptur.

Shopping

Zum Shoppen nach Belgien? Aber ja! Gerade »followers of fashion« werden hier auf jeden Fall fündig.

Ein besonderer Besuchermagnet ist dabei Maasmechelen Village, ein großes Outlet Center in der Nähe von Genk (Provinz Limburg), in dem alle gängigen internationalen Marken vertreten sind (www.maasmechelenvillage.com). Wer es lieber authentisch mag, ist in Antwerpen gut aufgehoben. Die dortige Hochschule für Mode und das Flanders Fashion Institute bringen seit vielen Jahren interessante Designer hervor – viele sind rund um das Modemuseum MoMu zu finden. Auch Brüssel kann in puncto Mode und Design einiges bieten – in der Rue Dansaert ballen sich Boutiquen, Möbeldesigner und Vintage-Läden.

Edlen Schmuck mit echten Steinen erwirbt man in Antwerpen, dem Weltzentrum des Juwelenhandels. Auf das Qualitätslabel ADJA (Antwerp Diamond Jewellers Association, www.adja.be) achten!

Feinschmecker haben eigene Ziele: Sie kaufen extrascharfen Senf in Gent, deftige Wurstwaren und aromatischen Schinken in den Ardennen, besuchen die Klostermeiereien auf der Suche nach duftenden Käsesorten oder schlagen auf den Wochenmärkten bei den *Charcutiers,* den Metzgern, zu: scharf gewürzte *Merguez* aus Nordafrika, sanft schmelzende *Boudin noir,* Blutwurst oder gar die ominöse *Andouillette,* die aus Kutteln zusammengedreht ist.

Süßschnäbel verfallen handgemachten Pralinen oder edlen Schokoladen aus der örtlichen Confiserie bzw. den unwiderstehlichen Werken der Konditorenkunst – besonders gute finden sich in Veurne in den Bäckereien am Marktplatz.

! Erstklassig

Die besten Chocolatiers

Der Apotheker Jean Neuhaus erfand 1912 die Praline. Seither ist so mancher den zart schmelzenden kleinen Kunstwerken verfallen. Belgische Chocolatiers verführen mit immer neuen Varianten. Ein paar Tipps:

- **Confiserie Neuhaus**
  www.neuhaus.be › **S. 57**
- **Burie** [F2]
  Korte Gasthuisstraat 3
  2000 Antwerpen
  www.burie-chocoladepralines-antwerpen.be
- **The Chocolate Line** [C3]
  S. Stevinplein 19 | 8000 Brugge
  www.thechocolateline.be
- **Wittamer** [d4]
  6, place du Grand Sablon
  1000 Brussel | www.wittamer.com
- **Chocolatier L. van Hoorebeke** [D3]
  Sint-Baafsplein | 9000 Gent
  www.chocolatesvanhoorebeke.be

Ein imposantes Bild: Oberhalb der Maas erhebt sich auf einem Felsen die Festung von Dinant

TOP-TOUREN & SEHENS-WERTES

BRÜSSEL

Kleine Inspiration

- **Einen Kaffee** auf der berühmten und stimmungsvollen Grand-Place trinken › S. 52
- **Einen Streifzug** durch die Jugendstilviertel Ixelles und St-Gilles unternehmen › S. 50
- **Abenteuer für Ohren und Augen** im Musikinstrumentenmuseum erleben › S. 55
- **Um ein kurioses Mitbringsel** auf dem Flohmarkt in den Marollen feilschen › S. 56
- **Die köstlichen Pralinen** der Confiserie Neuhaus probieren › S. 57

Weltstadt, Wissenschaftszentrum und Schaltzentrale Europas: Brüssel hat es in sich. Die Stadt bietet prunkvolle Architektur, reiche Museen, malerische Plätze, exzellente Theater und kulinarische Überraschungen.

Brüssel ist nicht groß: Wer gut zu Fuß ist, kann die meisten Strecken laufen. Das Zentrum wird nach seiner Form »Pentagone« genannt, Fünfeck. Hier liegt das Herz Brüssels, die Grand-Place, umgeben vom Gewirr kleiner Gassen, in denen sich Restaurants und Kneipen drängen. Nordwestlich davon durchtrennt ein Boulevard das Zentrum und verbindet den Nord- mit dem Südbahnhof. Jenseits davon beginnt, rund um die Kirche Ste.-Cathérine sowie entlang des alten Fischmarkts, ein Schlemmerparadies.

Südöstlich der Grand-Place führt eine Treppe hinauf zur Oberstadt mit den repräsentativen Bauten entlang der Rue Royale. Auch die ebenso eleganten wie gemütlichen Plätze Grand Sablon und Petit Sablon liegen hier. An der Südspitze des Fünfecks erhebt sich der gewaltige Justizpalast, zu seinen Füßen das alte Arbeiterviertel Marollen.

Gleich außerhalb des Fünfecks führt die Avenue Louise mit ihren exklusiven Modegeschäften nach Süden, zum Bois de la Cambre, dem bevorzugten Naherholungsgebiet der Brüsseler. Östlich der Avenue beginnt das Jugendstilviertel Ixelles, dahinter liegt die etwas pompöse Anlage des Jubelparks/Cinquantenaire. Von dort stadtauswärts überwuchern die Behörden und Kommissionen der EU die alten Viertel.

Am nördlichen Stadtrand liegt das Viertel Heysel mit dem Wahrzeichen Brüssels: dem Atomium. In Laeken gleich nebenan hat der belgische König seine Residenz.

Oben: Alle Jahre mit gerader Zahl wird die Grand-Place mit Blumen bedeckt
Links: Das Atomium, erbaut für die Weltausstellung 1958

Touren in der Stadt

Tour 1 Ein Wochenende in Brüssel

Route: **Grand-Place › Manneken Pis › Galéries St-Hubert › Oberstadt › Atomium › Fischmarkt › Ilôt Sacré › Grand Sablon**

Karte: Seite 53
Dauer: 3 Tage
Praktische Hinweise:

- Mit der Brussels Card hat man freie Fahrt mit allen Verkehrsmitteln, freien Eintritt in über 30 Museen und Rabatt in diversen Restaurants, Bars und Geschäften. Sie gilt ein, zwei oder drei Tage (22, 29 oder 35 €) und ist beim Infobüro, an den großen Verkaufsstellen der Metro und in einigen Museen erhältlich (www.brusselscard.be).

Tour-Start:

Der erste Weg am Freitag Nachmittag sollte Sie auf jeden Fall auf die **Grand-Place** 1 › **S. 52** führen, den Empfangssalon der Stadt. Streifen Sie dann ein wenig durch die umliegenden Gassen, besuchen Sie das berühmte **Manneken Pis** 4 › **S. 52** und flanieren Sie durch die Galeries St-Hubert › **S. 54**. Unterwegs finden Sie garantiert ein Restaurant, das Ihnen zusagt.

Am nächsten Tag erkunden Sie die Oberstadt. Dabei steht Ihnen die Qual der Wahl eines Museumsbesuchs auf dem Mont des Arts › **S. 55** bevor. Am Nachmittag könnte eine Shoppingtour oder ein Abstecher zum Atomium › **S. 56** folgen, und am Abend, vielleicht nach einem Hummergelage am Fischmarkt, eine Tour durch die Kneipen und Bars der Ilôt Sacré, der Altstadt.

Am Sonntag ist ein Besuch auf einem der Märkte ein Muss: Auf der Place du Jeu de Balle › **S. 56** geht es volkstümlich, auf dem Grand Sablon › **S. 56** eher elegant zu, aber auch der Lebensmittelmarkt am Gare du Midi mit exotischen Gewürzen hat seine Reize.

Tour 2 Jugendstiltour durch Ixelles und St-Gilles

Route: **Musée Horta › Maison Hannon › Les Hiboux › Hôtel Ciamberlani › Hôtel Janssens › Haus Hankar › Hotel Tassel › Hôtel Solvay**

Karte: Seite 53
Dauer: 3–4 Stunden
Praktische Hinweise:

- Das Musée Horta (Di–So 14 bis 17.30 Uhr) erreicht man mit den Straßenbahnlinien 81, 91, 92, 97 (bis Stop Janson) und Bus Nr. 54.
- Die Maison Hannon ist Mi–Fr 11–18, Sa, So 13–18 Uhr geöffnet.
- Die anderen Häuser sind Wohnhäuser und nur von außen zu besichtigen.

Tour-Start:

Zu Beginn des 20. Jhs. präsentierte sich Belgien als eines der innovativsten Länder Europas, und die zu Wohlstand gekommenen Fabrikanten gingen auch als Bauherren neue Wege. Victor Horta war der maßgebliche Architekt des angesagten Stils Art nouveau, die UNESCO ehrt seine Bauten als Weltkulturerbe. Er und seine Kollegen bauten fantasievolle, bis ins letzte Detail ausgetüftelte Häuser. An seinem Wohnhaus, dem **Musée Horta** 15, beginnt der Spaziergang durch die Straßen zwischen Avenue Louise und Avenue Brugman/Chaussée de Charleroi. Die **Maison Hannon** 16 ist heute ein Museum für Fotografie, nicht weit davon errichtete Edouard Pelseneer das Haus **Les Hiboux** 17 mit den netten Eulen.

Von dort aus geht es in die Rue Defacqz mit den Häusern **Hôtel Ciamberlani** 18, **Hôtel Janssens** 19 und dem **Haus von Paul Hankar** 20. Das **Hôtel Tassel** 21 zählt zu den schönsten Wohnhäusern Hortas, das **Hôtel Solvay** 22 ist das luxuriöseste.

Wichtige Adressen

- **Touristeninformationsbüro Hôtel de Ville** [5d]
  2–4, rue Royale | Brussel
  Tel. 02/5 13 89 40
  www.visitbrussels.be
  Tgl. 9–18, im Winter So 10–14 Uhr

Verkehrsmittel

Den Großraum erschließen Metrolinien von Ost nach West, Straßenbahnen (teils im Tunnel) sowie Buslinien. Sie verkehren von 6 Uhr früh bis Mitternacht.

- Die öffentlichen Verkehrsmittel unterstehen der Gesellschaft **STIB.** Informationen unter:
  Tel. 070/23 20 00
  www.stib.be

! Erstklassig

Jugendstilbauten in Brüssel

- Das **Haus des Malers Saint-Cyr** ist ein 4 m schmales, verspieltes Bauwerk (11, square Ambiorix).
- Das **Palais Stoclet** hat Josef Hoffmann im Stil der Wiener Sezession errichtet (281, avenue de Tervuren).
- Im **Kaufhaus Waucquez** [b4] ist das Centre Belge de la Bande Dessinnée (Comicmuseum) beheimatet (20, rue des Sables, Di bis So 10–18 Uhr).
- Im exzentrischen **Old England** am Mont des Arts wurden einst Stoffe verkauft, heute ist hier das Musikinstrumentenmuseum untergebracht. › **S. 55**
- Die Fassade des **Cauchie-Hauses** schmückt ein riesiges Sgraffitobild (5b, rue des Francs).
- Im **Haus Autrique** [b5] werden mit audiovisuellen Mitteln die früheren Bewohner des Gebäudes zum Leben erweckt (266, chaussée de Haecht, Mi–So 12–18 Uhr).
- Im **Café La Porteuse d'Eau** trinkt man sein Bier in original erhaltenem Jugendstilambiente (48a, avenue Jean Volders).
- Die Bänke im **De Ultieme Hallucinatie** [b5] hat Henry Van de Velde entworfen (316, rue Royale).

Unterwegs in Brüssel [F4–G5]

Im Zentrum

Grand-Place / Grote Markt 1 ★ [c4]

Einer der prächtigsten Plätze der Welt, als UNESCO-Weltkulturerbe ausgezeichnet, bildet das Herz der Stadt. Hier stand schon im 13. Jh. eine Tuchhalle, hier wurden Feste gefeiert, Turniere abgehalten und Gerichtsurteile vollstreckt. Nach Zerstörung durch die französischen Truppen 1695 wurden die Zunft- und Gildehäuser rund um den Platz (110 × 70 m) in fünfjähriger Bauzeit umso prächtiger wiederhergestellt. Die vielfenstrigen Fassaden, die mit Figuren verziert und von fantasievollen Giebeln gekrönt sind, fügen sich harmonisch aneinander und bilden den ! stimmungsvollen Rahmen für den jährlichen Weihnachtsmarkt.

Die Nordwestseite flankiert das gotische Rathaus **Hôtel de Ville/Stadhuis** 2 [c3] (1449) mit seinem 96 m hohen Turm. Die Skulpturen der Fassade stellen allesamt Größen der Stadtgeschichte dar. Das Innere des Rathauses birgt eine Sammlung Brüsseler und Mechelner Gobelins des 16., 17. und 18. Jhs.

Direkt gegenüber stand einst das Zunfthaus der Bäcker (Broodhuis), später die **Maison du Roi** 3 [c4] (Haus des Königs) mit dem Sitz des Gerichts. Heute residiert hier das **Stadtmuseum.** Es präsentiert neben Objekten zur Geschichte auch die ca. 600 Stücke der Kostümsammlung des Manneken Pis (Di–So 10 bis 17, Do bis 20 Uhr, Führung nach Vereinbarung; Tel. 02/2 79 43 50).

Manneken Pis 4 [c3]

Die kleine Brunnenfigur aus dem 17. Jh. ist das prominenteste Symbol der Stadt. Seit Jahrzehnten bringen ihm Staatsbesucher und andere Offizielle Anzüge in ihrer Landestracht oder Mini-Uniformen als Gastgeschenk mit.

Touren in Brüssel

Tour 1

Ein Wochenende in Brüssel

1 Grand-Place/Grote Markt
2 Hôtel de Ville/Stadhuis
3 Maison du Roi/Broodhuis
4 Manneken Pis
5 Bourse
6 St-Nicolas (Sint Niklaaskerk)
7 Rue des Bouchers (Beenhouwersstraat)
8 Cathédrale St-Michel/ Sint-Michielskathedraal
9 Palais du Roi/Koninklijk Paleis
10 Musées Royaux des Beaux-Arts
11 Musée des Instruments de Musique
12 Palais de Justice/Justitiepaleis
13 Notre-Dame-du-Sablon/ Onze Lieve Vrouw op de Zavel
14 Die Marollen

Tour 2

Jugendstiltour durch Ixelles und St-Gilles

15 Musée Horta
16 Maison Hannon
17 Les Hiboux
18 Hôtel Ciamberlani
19 Hôtel Janssens
20 Haus von Paul Hankar
21 Hôtel Tassel
22 Hôtel Solvay

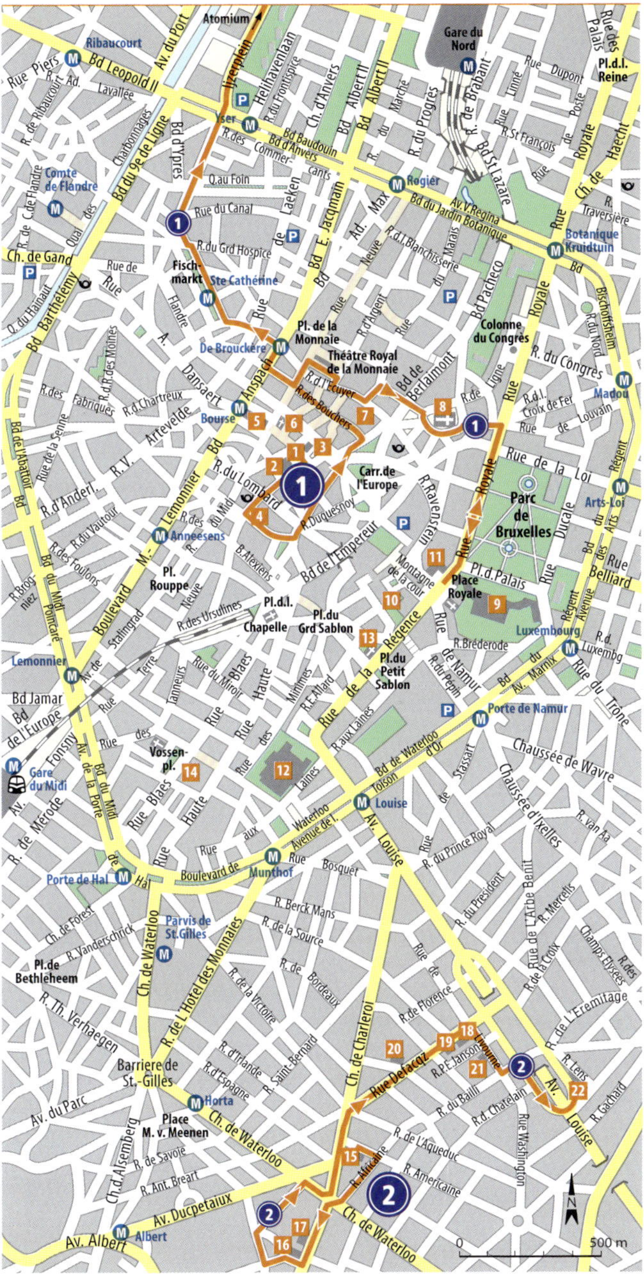
Atomium
Ribaucourt
Bd Leopold II
Av. du Port
Ijzerplein
Helihavenlaan
Ch. d'Anvers
Bd Albert II
Gare du Nord
Pl.d.l. Reine
Rue Royale
Yser
Bd Baudouin
Bd d'Anvers
Q.au Foin
Comte de Flandre
Bd du 9e de Ligne
Bd d'Ypres
Rue du Canal
Laeken
Bd E. Jacqmain
Rogier
Bd du Jardin Botanique
Av.V.Regina
Bd St Lazare
Ch. de Haecht
Botanique Kruidtuin
Ch. de Gand
Fischmarkt
Ste Cathérine
R.du Grd Hospice
Rue Neuve
Bd Pacheco
Bd Bischoffsheim
Bd Barthélemy
Pl. de la Monnaie
De Brouckère
Théâtre Royal de la Monnaie
Colonne du Congrès
R. du Congrès
Madou
Dansaert
Anspach
R.d.l'Ecuyer
R.des Bouchers
Bd de Berlaimont
Bourse
R.d.l. Croix de Fer
Rue de Louvain
Rue de la Loi
Bd de l'Abattoir
R.du Lombard
Carr.de l'Europe
R.Ravenstein
Parc de Bruxelles
Arts-Loi
Anneessens
R.Duquesnoy
Bd de l'Empereur
Montagne de la cour
Pl.d.Palais
Rue Ducale
Rue Belliard
Pl. Rouppe
Place Royale
Boulevard M.-Lemonnier
Pl.d.l. Chapelle
Pl.du Grd Sablon
Rue de la Régence
R.des Ursulines
Pl.du Petit Sablon
Luxembourg
Lemonnier
Bd Jamar
Bd de l'Europe
Rue Haute
Rue Blaes
Porte de Namur
Chaussée de Wavre
Vossen-pl.
Gare du Midi
Bd du Midi
Av. de la Porte de Hal
Louise
Av. Louise
Chaussée d'Ixelles
Munthof
Boulevard de Waterloo
Porte de Hal
Parvis de St.Gilles
Ch. de Waterloo
Pl.de Bethleheem
R. de L'Hotel des Monnaies
Ch. de Charleroi
Rue Defacqz
Barriere de St.-Gilles
Horta
Place M. v. Meenen
Av. du Parc
Ch.d.Alsemberg
Av. Ducpetaux
Albert
Av. Albert
Rue Washington
0
500 m
N

Das frühere Jugendstilkaufhaus Old England

Bourse 5 [c3]

Die Brüsseler Börse stieg im 19. Jh. zum Brennpunkt des wirtschaftlichen Geschehens der Stadt auf. Mit den korinthischen Säulen, der mächtigen Kuppel und den allegorischen Darstellungen von Handel, Industrie und Seefahrt setzt der Tempel des Geldes einen wirkungsvollen Kontrapunkt zum barocken Marktplatz.

St-Nicolas / Sint Niklaaskerk 6 [c3]

Bescheiden dagegen nimmt sich die Kirche St-Nicolas aus, die sich die Kaufleute an der Wende vom 11. zum 12. Jh. errichten ließen. Die Häuschen, die sich an die Kirchenmauer lehnen, verleihen dieser Ecke altertümliches Flair.

Rue des Bouchers / Beenhouwersstraat 7 [c4]

Hinter dem Marktplatz wird es auch kulinarisch interessant. Seinen Beinamen »Bauch von Brüssel« verdankt das Viertel den zahlreichen Restaurants mit ihren farbenprächtigen Auslagen.

Die Galeries St-Hubert/Sint-Hubertus-Galerijen vereint die Galerie du Roi und die Galerie de la Reine. Europas erste überdachte Ladenstraße von 1846 beherbergt bis heute Cafés und elegante Geschäfte wie die Confiserie Neuhaus › S. 57.

Cathédrale St-Michel / Sint-Michielskathedraal 8 [c4]

Am Westhang der Oberstadt ragt die ab 1225 in Brabanter Gotik erbaute Kathedrale auf. Die mächtigen, 69 m hohen Türme wurden nicht vollendet. Im Inneren schmücken lebensgroße Apostelfiguren und eine Barockkanzel aus dem Jahr 1669 das Mittelschiff.

Palais du Roi / Koninklijk Paleis 9 [d5]

In der Mitte des 19. Jhs. errichteten und später erweiterten Königlichen Residenz, die bis heute für feierliche Empfänge genutzt wird, kann man Sammlungen von Glas, Porzellan und Silber sowie wertvolles Mobiliar und wertvolle Wandteppiche bestaunen. Nebenan dokumentiert das **Museum Belvue** die Geschichte des erst 1830 gegründeten Königreichs Belgien (Di–Fr 10–17, Sa, So 10–18 Uhr, www.belvue.be). Auch die unterirdischen Gänge des im Jahr 1731 abgebrannten Ancien Palais, des alten Palastes, sind für Besucher zugänglich (www.coudenberg.com).

Mont des Arts / Kunstberg ★2

Gleich mehrere Museen präsentieren rund um die Place Royale ihre Schätze: In den **Musées Royaux des Beaux-Arts** 10 [d4] glänzt das **Museum für Alte Kunst** vor allem mit dem Brueghel-Saal, mit ! Gemälden von Rubens, Jordaens und Van Dyck, während das **Musée Fin-de-Siècle** Skulpturen aus dem 19. Jh. präsentiert. Das **Museum für Moderne Kunst** zeigt während der Umbauarbeiten (bis auf Weiteres) im Patio eine Auswahl aus seiner Sammlung belgischer Malerei und Skulptur des 20. Jhs. sowie Kunst der Gegenwart (Regentschapsstraat 3, Di–Fr 10–17, Sa, So 11–18 Uhr, www.fine-arts-museum.be). **50 Dinge** (23) › **S. 15.**

Angeschlossen ist auch das **Musée Rene Magritte,** das den großen Surrealisten ehrt und mehr als 200 seiner Werke präsentiert, darunter auch Filme (Koningsplein 1, Di–Fr 10–17, Sa/So 11–18 Uhr).

Das nahe gelegene **Musée des Instruments de Musique (MIM)** 11 [d4] nutzt für seine ! Ausstellung von historischen und modernen Instrumenten das frühere Jugendstilkaufhaus Old England (Di–Fr 9.30–17, Sa, So 10 bis 17 Uhr, www.mim.be).

Palais de Justice / Justitiepaleis 12 [e3]

Unübersehbar im Stadtbild ist der Justizpalast, der größter Monumentalbau des 19. Jhs. Er wurde nach Plänen des Architekten Poelaert 1866–1883 auf einer Grundfläche von sage und schreibe 25 000 m² errichtet. In der riesigen Halle kann man förmlich hören, wie die Mühlen der Gerechtigkeit mahlen (Mo bis Fr 8–17 Uhr).

Petit und Grand Sablon

Steigt man zur **Place du Petit Sablon/ Kleine Zavel** hinunter, erwartet einen ein beschaulicher Park hinter schmiedeeisernen Gittern. 48 Bronzestatuen stellen die Zunftmeister des 16. Jhs. dar, Ziegel- und Strohdachdecker, Stuhldrechsler, Goldschläger und Stockfischhändler sind vertreten.

! Erstklassig

Gratis entdecken

- Am ersten Mittwoch im Monat ab 13 Uhr zahlt man hier keinen Eintritt: in den **Musées Royaux des Beaux-Arts** › **S. 55,** im **Musée des Instruments de Musique** › **S. 55** und im **Musée d'Art Moderne** [d4] (Place Royale 1-2) in Brüssel.
- Während der **Journée du Patrimoine Bruxelles** (3. Wochenende im Sept.) können Sie sonst nicht zugängliche Gebäude der Stadt besuchen (www.journeesdupatrimoine.be).
- Das Weltkulturerbe-Museum **Plantin Moretus,** Antwerpen, verlangt am letzten Mittwoch im Monat keinen Eintritt. › **S. 87**
- Im **Historischen Museum der Stadt Luxemburg** › **S. 139** ist donnerstags, im **MUDAM** › **S. 142** mittwochs zwischen 18 und 20 Uhr der Eintritt frei.

Schloss Beersel südlich von Brüssel

Genau gegenüber erhebt sich die an Kunstwerken reiche gotische Kirche **Notre-Dame-du-Sablon/Onze Lieve Vrouw op de Zavel** 13 aus dem 15. Jh. In einer der barocken Chorkapellen befinden sich Grabmäler von Mitgliedern der Adelsfamilie Thurn und Taxis.

Am Wochenende lockt die von prachtvollen Bauten gesäumte **Place du Grand Sablon/Grote Zavel** mit einem großen Antiquitätenmarkt.

Die Marollen 14 [e3]

Das ehemalige Arbeiterviertel unterhalb des Justizpalastes ist ein Paradies für Stöberer. Trödel- und Antiquitätenläden ergänzen den täglichen Flohmarkt auf der Place du Jeu de Balles/Vossenplein.

Außerhalb des Zentrums

Atomium ★

Dieses Symbol für eine friedliche Nutzung der Kernenergie wurde 1958 im Norden Brüssels errichtet. In den neun Kugeln bietet es u.a. Kinderprogramme, Kunstausstellungen, eine Schau zur eigenen Geschichte und ein Panorama-Restaurant (Square de l'Atomium, tgl. 10–18 Uhr, www.atomium.be). Zu Füßen des Atomiums soll bis 2021 das Urbanisierungsprojekt **Européa** mit Europe Mall, Kinokomplex, Themenpark und Kinderstadt entstehen. Das 2013 geschlossene Mini-Europe (Sehenswürdigkeiten im Miniformat) wird als modernisiertes Euroville Wiederauferstehung feiern.

Zentralafrika-Museum

Eine exzeptionelle Masken- und Fetischsammlung ist der Stolz dieses Museums im südlichen Stadtteil Tervuren (Leuvensesteenweg 13, Di–Fr 10–17, Sa, So bis 18 Uhr, Tram 44 ab Montgomeryplatz, www.africamuseum.be).

Hotels

Amigo €€€

Innenstadthotel mit stilvoll-modernen Zimmern. Das Restaurant Bocconi serviert gehobene italienische Küche.

- 1, rue Amigo | Brussel | Tel. 02/5 47 47 47 | www.hotelamigo.com

Métropole €€€

! Edles Belle-Époque-Hotel nahe der Grand-Place mit noblem Café Métropole.

- 31, place de Brouckère | Brussel Tel. 02/2 17 23 00 www.metropolehotel.com

Monty Small Design Hotel €€–€€€

! Schickes Boutiquehotel in guter Lage. Manche Zimmer sind recht klein.

- 101, bd. Brand Whitlock | Brussel Tel. 02/734 56 36 | www.monty-hotel.be

Noga €€

Charmantes kleines ruhiges Hotel mit maritimem Dekor.

- 38 B, rue du Béguinage
  Tel. 02/2 18 67 63 | www.nogahotel.com

Restaurants

Comme chez soi €€€

! Kulinarischer Klassiker mit regionalen Köstlichkeiten in schönstem Ambiente.

- 23, place Rouppe | Brussel
  Tel. 02/5 12 29 21
  www.commechezsoi.be
  So, Mo, Mi mittags geschl.

Brasserie au Roue d'Or €–€€

Für ihre traditionellen Fisch- und Muschelgerichte beliebte Brasserie.

- 26, rue des Chapeliers | Brussel
  Tel. 02/5 14 25 54
  Tgl. 12–0.30 Uhr, Juli geschl.

Shopping

Confiserie Neuhaus

Seit 1912 werden hier ! feinste Pralinen kreiert.

- Galerie de la Reine | www.neuhaus.be

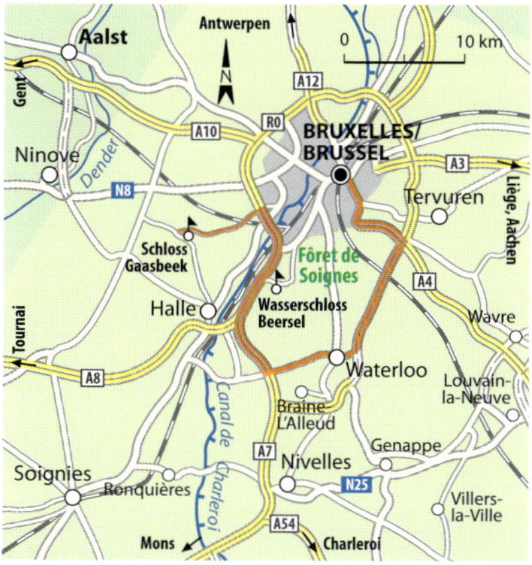

Ausflüge in Brüssels Süden

Der lichte Buchenwald **Forêt de Soignes/Zonienwoud** am südlichen Stadtrand lockt mit 150 km Fuß- und Radwegen, etlichen Teichen und mehreren Kapellen.

In **Waterloo** unterlag Napoleon am 18. Juni 1815 der Koalition der europäischen Mächte. Der Löwenhügel bietet den besten Überblick. Im Panorama sind die Kombattanten lebensecht nachgebildet, im Besucherzentrum führt ein Film in die Ereignisse der Schlacht ein, die 50 000 Tote und Verletzte kostete. Nach Waterloo fahren täglich Ausflugsbusse (Infos dazu im Touristenbüro › **S. 51**). Es werden Kombitickets für geführte Touren und die Museen angeboten (Champ de Bataille de Waterloo, 252, rue du Lion, Briane l'Alleud, Tel. 02/3 85 19 12, www.waterloo1815.be).

Schloss Beersel (14. Jh.) liegt auf einer Insel in der Senne, drei Ecktürme, Zugbrücke und Zinnen verleihen dem Wasserschloss einen wehrhaften Charakter. Beersel erreicht man mit der Bahn Richtung Halle.

Viel behaglicher wirkt dagegen **Schloss Gaasbeek,** dessen Räume mit allen Annehmlichkeiten des 19. Jhs. ausgestattet sind. Nach Gaasbeek verkehrt die Buslinie LK ab Gare du Midi.

SPECIAL

Handeln um jeden Preis

Im Land der angeblich hundert Flohmärkte besitzt der Handel mit Kitsch, Kunst und Trödel Kultstatus. Während der Kolonialzeit haben sich die belgischen Haushalte anscheinend reichlich mit allerlei exotischem Hausrat und dekorativem Krimskrams aus aller Welt eingedeckt, der in Kellern und Speichern über die Jahre Patina angesetzt hat. Als während der ersten Wirtschaftskrise Anfang der 1980er-Jahre das Geld knapp wurde, entrümpelten viele ihren Haushalt und machten ihre verstaubten Erbstücke erstmals auf Straßenmärkten zu Geld. Seitdem gehört der wöchentliche Antik- und Flohmarkt in vielen belgischen Städten zum Straßenbild.

Auf Schnäppchenjagd

Markttag in Belgien bedeutet in erster Linie Spaß am Feilschen, egal ob um Uromas Nähtisch, Blechspielzeug mit Sammlerwert, die gebrauchte Küchenmaschine oder um frisches Gemüse. Es ist die Lust am wortgewandten Spiel des Bietens und Unterbietens.

Die Adressen der schönsten Weihnachtsmärkte finden Sie auf › **S. 104.**

Flohmärkte

- **Brüssel:** tgl. 7–14 Uhr an der Place du Jeu de Balle (Vossenplein) [e3] in den Marollen, an den Wochenenden überlaufen
- **Brügge:** dreimal jährlich Flanderns größter Floh- und Antikmarkt »Zaandfeesten« am 't Zand [C3] (Infos: Tel. 050/34 17 36); zudem von März–Nov. jedes Wochenende Flohmarkt am Dijver
- **Tongeren:** jeden Sonntag vom Morgengrauen bis 13 Uhr entlang der Stadtmauer [K5]
- **Antwerpen:** Samstag Antiquitätenmarkt am Lijnwaadmarkt [F2]

 Sie haben längst Kultstatus: die viel besuchten Antiquitäten- und Flohmärkte

9–17 Uhr Trödelmarkt rund um das Theater, Sonntag bis 13 Uhr

- **Gent:** jedes Wochenende am Sint-Jacobs- und Beverhoutplein [D3] von 7 bis 13 Uhr

Lebensmittel

Belgien trüge seinen Ruf als Land der Genießer zu Unrecht, gäbe es nicht auch überall kulinarische Spezialitäten. Ob Käse oder Krabben, Pralinen oder Wurstwaren – festlich aufgezogene Märkte mit der Möglichkeit zu probieren gibt es das ganze Jahr über in allen Landesteilen. Aber auch die ganz normalen Wochenmärkte sind einen Besuch wert. Weithin berühmt ist etwa der große Lebensmittelmarkt in Liège › S. 67, der sonntags von wahren Heerscharen besucht wird.

- **Wochenmarkt:** u.a. afrikanische und asiatische Lebensmittel und Gewürze am Gare du Midi [e2] in Brüssel (So 7–13 Uhr)
- **Vistrap:** tgl. ab 7 Uhr frischer Fisch, Garnelen, Schnecken und Muscheln (Visserskaai, Oostende) [B3]
- **Schokoladen- und Ostermarkt:** Anfang April in Durbuy [K7] (www.durbuyinfo.be)
- **Käsefest:** Mitte August im Schloss von Harzé [L6] (www.fetedufromage.be)
- **Antwerpen:** Leckereien u.a. aus dem Orient gibt's samstags (8 bis 16 Uhr) am Theaterplein [F2]

Bücherdorf Redu [J9]

Das kleine Dorf Redu in den Ardennen ist alljährlich zweimal Treffpunkt für Bibliophile aus aller Welt. Über 200 Buchhändler und Verleger präsentieren dort ihr Angebot. Wichtige Termine sind das **Bücherfest** Mitte April und die **Nacht des Buchs** am ersten Samstag im August.

- Infos: **Tourismusbüro**
  63, place de l'Esro | 6890 Redu
  Tel. 061/65 66 99
  www.redu-villagedulivre.be

Finger weg!

Zu den traurigen Anblicken auf vielen belgischen Märkten gehören jeder Tierschutzvorschrift spottende Schaukästen, in denen Haustiere, besonders aber Hundewelpen, zum Kauf feilgeboten werden. Oft aus dubioser osteuropäischer Zucht stammend, aus Profitgier viel zu früh von Mutter und Geschwisterchen getrennt, schlecht versorgt und misshandelt, von unzähligen Interessenten begrapscht, werden sie mit zweifelhaften Impfpässen und sogar mit »Umtauschgarantie« feilgeboten. Bitte unterstützen Sie diesen skrupellosen Handel nicht, schon gar nicht aus Mitleid, Sie beflügeln ihn damit nur.

Es gibt so manchen Schatz zu entdecken

DIE ARDENNEN

Kleine Inspiration

- **Die Tropfsteinhöhle von Han** erkunden › S. 75
- **Geschichte hautnah erleben** in der Burg von Gottfried von Bouillon › S. 73
- **Eine erfrischende Kajaktour** auf der Ourthe unternehmen › S. 63
- **Den herrlichen Blick** von der Zitadelle von Dinant über das Maastal genießen › S. 76
- **Einen Bummel** durch das malerische Durbuy, die kleinste Stadt Belgiens, unternehmen › S. 71

Karte
S. 64

Liège, Namur, Dinant – die großen Städte an der Maas locken mit reicher Kultur- und Kirchengeschichte. Daneben bieten das Hohe Venn (Hautes Fagnes) und zahlreiche Tropfsteinhöhlen einzigartige Naturerlebnisse.

Tief durchschneiden Flusstäler das flachwellige Hochland der Ardennen. Felsen, Wälder und kahle Hochflächen bestimmen das Bild. Im Norden liegt das Hochmoor Hohes Venn mit Heideflächen, Moortümpeln und Buschwäldern. Sein höchster Punkt ist der Signal de Botrange mit stolzen 694 m.

Im Westen bildet die Maas die Grenze. Dieser große europäische Fluss spielte für den Handel stets eine wichtige Rolle. Im Süden, in Nachbarschaft zur französischen Grenze, fließt sie in einem malerischen Tal mit teils steilen Hängen. Bei Namur macht sie einen Knick nach Osten und entwickelt sich zur Wasserstraße mit Containerkähnen, die Industriegüter nach Liège befördern. Die alte Arbeiterstadt bietet herausragende Kunstschätze und viel urbanes Leben.

Zwischen dem Maastal und der Grenze zu Luxemburg liegt das Kernland der Ardennen, eine kleinteilige Landschaft, deren zahlreiche Wasserläufe in unzähligen Windungen der Maas zustreben und in den Hohlräumen des Gesteins bizarre Tropfsteinhöhlen entstehen ließen.

Den kleinen Städtchen mit ihren typischen dunklen Bruchsteinhäusern sieht man heute kaum noch an, dass sie fast alle nach dem Zweiten Weltkrieg wieder aufgebaut werden mussten – denn die berüchtigte Ardennenoffensive 1944 hatte ein zerstörtes Land hinterlassen.

Wandern, radeln, baden, Kajak fahren, klettern – die Ardennen sind ideal für den Familienurlaub oder ein verlängertes Wochenende. Sie bieten auch kulinarisch einiges: Den Wildreichtum der Region wussten vor zweitausend Jahren schon die Römer zu schätzen.

Oben: Einsam gleitet ein Kajakfahrer durch die felsige Landschaft bei Namur
Links: Blick über das Städtchen Dubuy

Touren in der Region

Tour 3 Wanderung im Hohen Venn

Route: **Baraque Michel › Fagne Wallone › Baraque Michel › Kreuz der Verlobten › Fagne de Polleur › Signal de Botrange**

Karte: Seite 64
Dauer: 2 Tage
Praktische Hinweise:

- Anreise mit dem Auto. Über das Hohe Venn, Schutzzonen und geführte Touren informiert das Naturparkzentrum Botrange:
  131, route de Botrange
  4950 Robertville
  Tel. 080/44 03 00
  www.botrange.be

Tour-Start:

Die schwermütige Moorlandschaft des Hohen Venn bietet sich für ein Wanderwochenende an, am besten im Frühherbst, wenn das Pfeifengras in rostroten Farben leuchtet.

Für den ersten Tag könnte man sich eine Umrundung des Fagne Wallone vornehmen. Der Weg führt zunächst entlang der Hill, biegt anschließend rechts ab Richtung Botrange und folgt nach einiger Zeit einer schnurgeraden Schneise, die wieder Richtung Straße führt.

Am westlichen Rand der Schutzzone geht es wieder zurück zur Baraque Michel (€€), einer traditionsreichen Herberge, die schon seit 1826 Wanderern Schutz und Stärkung bietet (36, Baraque Michel, 4845 Jalhay, Tel. 080/44 48 01, www.labaraquemichel.be).

Wer damit – die Wanderung dauert knapp vier Stunden – noch nicht ausgelastet ist, kann sich im Besucherzentrum über die einzigartige Geologie, Flora und Fauna des Hohen Venn informieren oder eine geführte Tour durch die ansonsten für die Öffentlichkeit gesperrte Schutzzone C buchen.

Ziel des nächsten Tages ist das »Kreuz der Verlobten«, von dem aus der Weg in einem großen Bogen durch das moorige Polleur-Venn (Fagne de Polleur) zum Botrange, mit 694 m der höchsten Punkt Belgiens, führt. Auf dem Gipfel erhebt sich der Signal de Botrange. Am Rand der Zone C geht es anschließend auf federnden Plankenwegen wieder zurück zur Baraque Michel.

Tour 4 Im Tal der Maas

Route: **Liège › Jehay › Huy › Namur › Dinant › Grottes de Merveilleuse › Château de Vêves › Château de Freÿr**

Karte: Seite 64
Dauer: 2 Tage
Praktische Hinweise:

- Diese Tour lässt sich am besten mit dem Pkw durchführen.

Die Place d'Armes von Namur besticht mit ehemaliger Börse und Belfried

Tour-Start:

Eine Fahrt entlang der Maas zeigt den attraktivsten Teil der Wallonie. Die ersten Kilometer nach **Liège** 1 › **S. 66** führen vor Augen, dass hier seit Jahrhunderten Eisen- und Stahlverarbeitung zu Hause sind. Schon bei Amay jedoch führt eine Straße zu einem der herrlichsten Wasserschlösser des Landes: **Jehay** 22 › **S. 78.** Bei **Huy** 21 › **S. 78** wird die Maas schmaler, ihre Ufer steiler, von der Zitadelle kann man einen ersten Blick über die Flusslandschaft werfen. Mächtig ist die Festung, die über **Namur** 20 › **S. 77** thront.

Dinant 18 › **S. 75** bleibt vielen vor allem wegen seines charakteristischen Kirchturms in Erinnerung. Danach wälzt sich die Maas in weiten Schlingen durch die Provinz Namur. Hier locken die Grottes de Merveilleuse mit einer bezaubernden Märchenwelt aus Tropfsteinen unter die Erde. Nicht entgehen lassen darf man sich das **Château de Celles** 16 › **S. 75**, die Burg auf dem schroffen Felsvorsprung in Celles, und **Schloss Freÿr** 17 › **S. 75**, wo eine ungebändigte Natur mit strengen Rabatten in Konkurrenz tritt.

Tour 5 Kajaktour auf der Ourthe

Route: **La-Roche-en-Ardenne › Nisramont › La-Roche-en-Ardenne**

Karte: Seite 64
Dauer: 1 Tag
Praktische Hinweise:

- Per Auto nach La-Roche-en-Ardenne, Bustransfer zum Einsetzpunkt der Kajaks. Wasserfeste Behälter und Schwimmwesten können ausgeliehen werden. Kajakfahrten bucht man über:
Ardenne Aventures
35, rue de l'Église
6980 La-Roche-en-Ardenne
Tel. 084/41 19 00
www.ardenne-aventures.be

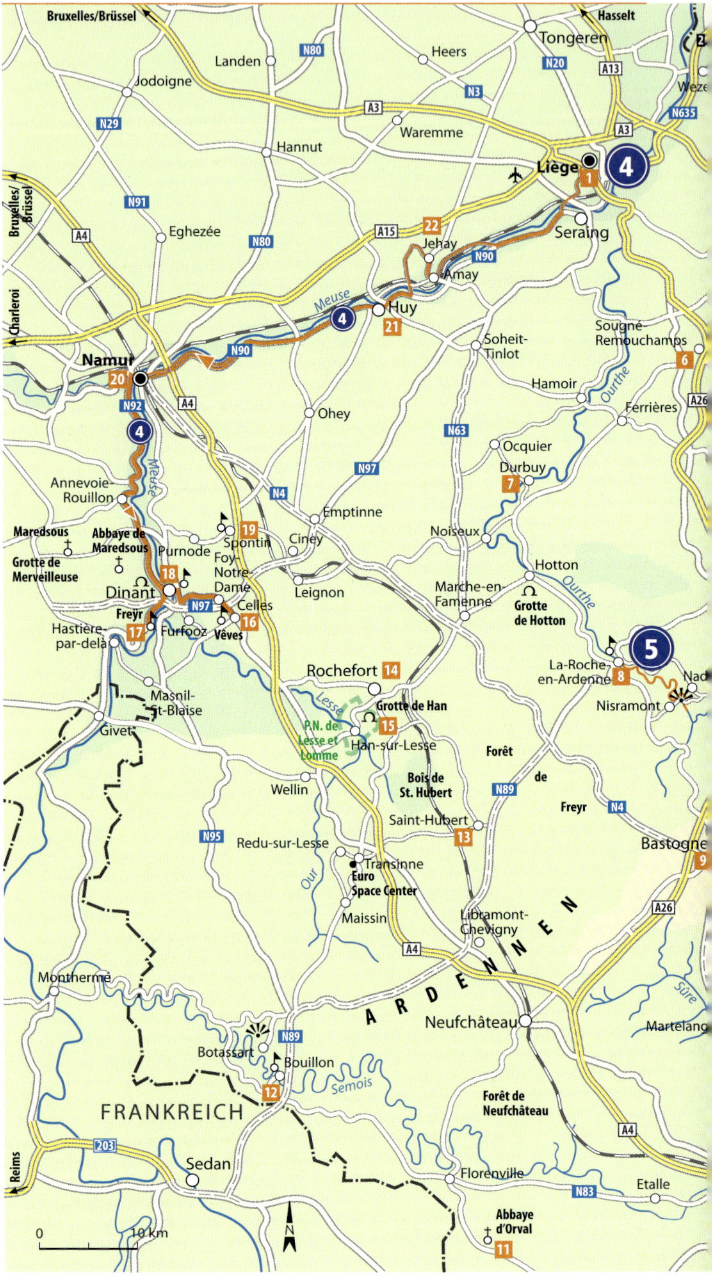
Bruxelles/Brüssel
Hasselt
Tongeren
Heers
Landen
Jodoigne
Waremme
Hannut
Liège
Seraing
Eghezée
Jehay
Amay
Huy
Meuse
Namur
Charleroi
Bruxelles/Brüssel
Soheit-Tinlot
Sougné-Remouchamps
Hamoir
Ourthe
Ferrières
Ohey
Ocquier
Durbuy
Annevoie-Rouillon
Emptinne
Noiseux
Maredsous
Abbaye de Maredsous
Grotte de Merveilleuse
Purnode
Spontin
Ciney
Foy-Notre-Dame
Dinant
Leignon
Celles
Freyr
Furfooz
Vêves
Hastière-par-delà
Marche-en-Famenne
Hotton
Grotte de Hotton
La-Roche-en-Ardenne
Nisramont
Rochefort
Grotte de Han
Masnil-St-Blaise
Givet
P.N. de Lesse et Lomme
Han-sur-Lesse
Lesse
Forêt de Freyr
Bois de St. Hubert
Wellin
Saint-Hubert
Redu-sur-Lesse
Transinne
Euro Space Center
Bastogne
Maissin
Our
Libramont-Chevigny
ARDENNEN
Monthermé
Neufchâteau
Sûre
Martelang
Botassart
Bouillon
Semois
FRANKREICH
Forêt de Neufchâteau
Sedan
Reims
Florenville
Etalle
Abbaye d'Orval
0
10 km
N
A3
A4
A13
A15
A26
N4
N20
N29
N3
N63
N80
N83
N89
N90
N91
N92
N95
N97
N635
203
1
4
5
6
7
8
9
11
12
13
14
15
16
17
18
19
20
21
22

Tour-Start:

Als Luftlinie gemessen beträgt die beschriebene Strecke auf der Ourthe nur ungefähr 5 km, doch mit dem Kajak ist man bis zu 6 Stunden unterwegs: Die Ourthe schlängelt sich in verwegenen Schleifen durch den harten Ardennenschiefer, vorbei am Aussichtsplatz Les six Ourthes hoch oben am Steilufer, von dem aus man sechs Schleifen des Flusses überblicken kann, und vorbei am markanten Felsen Le Herou.

Die Ourthe kann das ganze Jahr über mit dem Kajak befahren werden, im Winter mit einer Sonderausrüstung. Die Fahrt ist im Einzel- oder Zweierkajak möglich – Sport und Abenteuer in eindrucksvoller Natur sind dabei garantiert.

Wichtige Adressen

- Fédération du tourisme de la Province de Namur › **S. 153**
- Fédération du tourisme de la Province de Liège › **S. 153**

Touren in den Ardennen

Tour 3

Wanderung im Hohen Venn

Baraque Michel › Fagne Wallone › Baraque Michel › Kreuz der Verlobten › Fagne de Polleur › Signal de Botrange

Tour 4

Im Tal der Maas

Liège › Jehay › Huy › Namur › Dinant › Grottes de Merveilleuse › Vêves › Freÿr

Tour 5

Kajaktour auf der Ourthe

La-Roche-en-Ardenne › Nisramont › La-Roche-en-Ardenne

Unterwegs in den Ardennen

Liège 1 [K5]

Hat man den Ring aus Stahlwerken und Industrievierteln einmal hinter sich gelassen, erweist sich Liège (Lüttich, fläm. Luik; 197 000 Einw.) als angenehm und lässig und – Überraschung! – als bemerkenswerte Kunststadt: Herrliche Kirchen, Museen und andere Bauwerke zeugen von Jahrhunderten klerikaler Macht, langem wirtschaftlichem Wohlstand und regem Kulturaustausch. Die Bewerbung als Gastgeber der Expo 2017 war allerdings nicht von Erfolg gekrönt.

SEITENBLICK

Aus der Stadtgeschichte

Kohlevorkommen und Waffenschmieden sorgten bereits im 16. Jh. für den wirtschaftlichen Aufschwung von Liège. Als Ausgangspunkt der Industriellen Revolution auf dem Kontinent entwickelte sich die Stadt im 18. und 19. Jh. zum Industriezentrum und war aufgrund ihrer Rüstungsbetriebe in den Weltkriegen heiß umkämpft. Nach dem Niedergang der Schwerindustrie hat sich Liège als Eisen- und Autobahnknotenpunkt sowie mit dem Frachtflughafen Bierset und dem drittgrößten Binnenhafen der Welt zum wichtigen Warenumschlagplatz entwickelt. Mit dem **neuen Bahnhof** des Star-Architekten Santiago Calatrava ist die Stadt architektonisch im 21. Jh. angekommen.

50 Dinge (27) › S. 15

Die Place St-Lambert

Blickfang hier ist der **Palais des Princes-Evêques** (A), der Fürstbischöfliche Palast (1526–1538). Tatsächlich ist Lüttich bereits seit 721 Bischofssitz. Um die erste Jahrtausendwende ließ Fürstbischof Notger die Kathedrale und einen Bischofspalast errichten. Hinter der neugotischen Fassade des heutigen Baus verbergen sich zwei mit Arkaden geschmückte Innenhöfe der Frührenaissance.

Etwas südlich des Palastes zeigt das hochmodern gestaltete **Archéoforum** Ausgrabungen der letzten hundert Jahre, die Einblicke in die lange Stadtgeschichte geben (Di–Fr 9–17, Sa 10–17 Uhr, www.archeoforumdeliege.be).

Place du Marché (B)

Die Nachbildung des mittelalterlichen Gerichtspfahls (Le Perron) auf dem 1697 angelegten Brunnen des Marktplatzes gilt als das Symbol der städtischen Freiheit und stadteigenen Gerichtsbarkeit. Hier steht auch das **Hôtel de Ville**, das Rathaus, mit seinem wappengeschmückten Giebel (1714).

Auf einer Bronzeplatte entdeckt man den Namen Maigret: ein in den 1930er-Jahren stadtbekannter Polizist, der als Held der Kriminalromane des in Lüttich geborenen Autors Georges Simenon (1903–89) unsterblich wurde. Das Touristenbüro › **S. 69** bietet einen Rundgang auf dessen Spuren an.

Shopping

Lebendig wird es am Kaiabschnitt La Batte beim größten Sonntagsmarkt Belgiens. An unzähligen Ständen wird um Kitsch und Krempel, Autozubehör, Lebensmittel und Blumen gefeilscht.

Museen am Quai

Das **Musée des Beaux-Arts de Liège** oder **BAL** (Beaux-Arts Liège) C zeigt in den Räumlichkeiten des alten Museé de l'Art Wallon u.a. Gemälde und Skulpturen heimischer Künstler, darunter auch Werke des berühmten Künstlers René Magritte (Féronstrée 86, Di–So 10–18 Uhr, www.beauxartsliege.be).

Das herrschaftliche Haus wurde 1740 für den Bankier Ansembourg erbaut. Seine mit Delfter Kacheln, Stuckdecken und Wandbehängen dekorierten Räume spiegeln als **Musée d'Ansembourg** D die großbürgerliche Wohnkultur gut wider (Féronstrée 114, Di, Mi 13–18, Do bis So 10–18 Uhr).

Das benachbarte archäologische und ägyptologische **Musée Curtius** mit seiner Glas- und Waffensammlung sowie einer Ausstellung religiöser Kunst bietet zahlreiche internationale Artefakte (13b, quai de Maestricht, tgl. außer Di 10–18 Uhr, www.grandcurtiusliege.be).

St-Barthélémy E und Altstadtgassen

In dem romanischen Kirchenbau mit den beiden Türmen hat das berühmteste Kunstwerk von Liège seinen Platz: ein romanisches Taufbecken, das in den Jahren 1107 bis 1110 vermutlich von dem Goldschmied Renier de Huy in Messingguss geschaffen wurde.

An der Rue des Brasseurs überrascht ein postmodern gestalteter Innenhof des Lièger Architekten Charles Vandenhove. Von der Straße En Hors Château verlaufen mehrere schmale Sackgassen in das ehemalige Rotlichtviertel, dessen uralte Fachwerkhäuser durch eine Privatinitiative erhalten und liebevoll restauriert werden konnten.

Zitadelle F

Die Treppenstraße Montagne de Bueren endet vor dem Parc de la Citadelle, der die ehemalige Festung, heute ein Krankenhaus, umgibt. Die im Jahr 1891 fertiggestellte und in beiden Weltkriegen stark beschädigte Anlage bietet eine hervorragende Aussicht auf Liège und das Maastal.

Minoritenkloster G

Die vorbildlich restaurierte Anlage mit ihrem durch Arkaden vom Innenhof getrennten Kreuzgang wur-

Das Taufbecken in St-Barthélémy

Karte S. 68

de im 17. Jh. im maasländischen Renaissancestil errichtet. Hier ist die vielfältige Sammlung des **Musée de la Vie Wallonne,** des Wallonischen Heimatmuseums, untergebracht, die das Leben in der Region vom 19. Jh. bis heute dokumentiert (tgl. außer Mo 9.30–18 Uhr).

St-Jean H

Die unter Bischof Notger um 980 nach dem Vorbild der Aachener Pfalzkapelle auf einem achteckigen Grundriss erbaute Johanniskirche wurde 1754–1757 vollständig erneuert. Ein Madonnenbild und eine Kreuzigungsgruppe (13. Jh.) sind

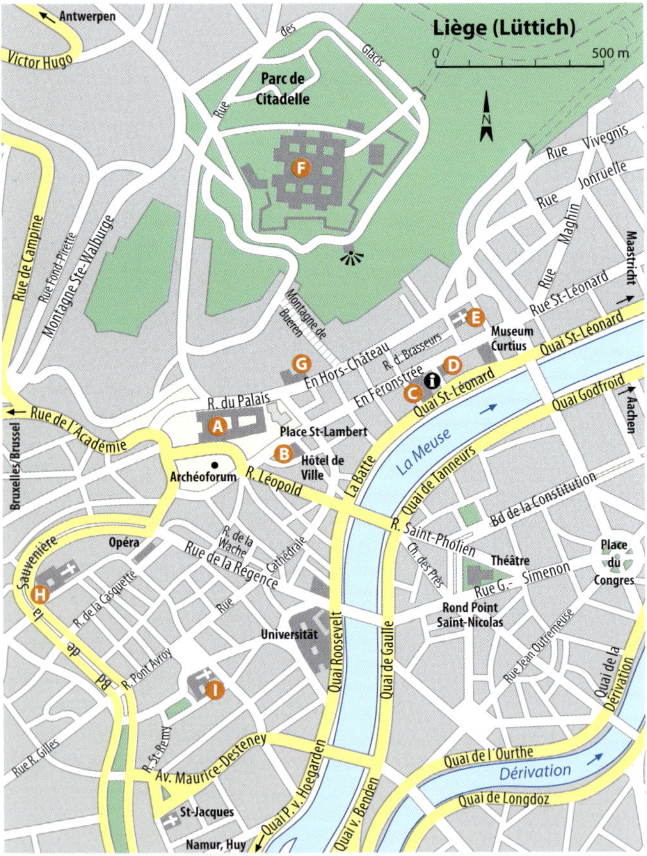

A Palais des Princes-Evêques
B Place du Marché
C Musée de l'Art Wallon
D Musée d'Ansembourg
E St-Barthélémy
F Zitadelle
G Minoritenkloster
H St-Jean
I St-Paul

die kostbarsten Kunstwerke. Der Turm mit einem Glockenspiel stammt aus dem 12. Jh.

St-Paul 1

Nach dem Abriss der alten Bischofskirche Lüttichs wurde die im 14./15. Jh. gotisch umgebaute weiträumige frühere Stiftskirche aus dem 10. Jh. zur Kathedrale erhoben. Zum Kirchenschatz gehört eine vergoldete Reliquienbüste des hl. Lambert – sie ist ein Sühnegeschenk Karls des Kühnen an jene Stadt, die er zuvor zerstören ließ.

Info

Office de Tourisme

Thematische Stadtführungen auf Deutsch.

- 92, Féronstrée | 4000 Liège
  Tel. 04/2 21 92 21 | www.liege.be

Hotels

Ramada Plaza €€€

In Flughafennähe, 149 Zimmer, großer Garten; Restaurant im Gewölbekeller eines ehemaligen Klosters (17. Jh.).

- 36, quai St-Léonard | Liège
  Tel. 04/2 28 81 11
  www.ramadaplaza-liege.com

La Passerelle €€

Schlichtes kleines Hotel in einem typischen Stadthaus am östlichen Maas-Ufer im Stadtteil Outre-Meus.

- 24, chaussée des Près | Liège
  Tel. 04/3 41 20 20
  www.hotelpasserelle.be

Restaurants

Chez Bolas Bug €–€€

Café-Restaurant mit einfacher mediterraner Küche, Weinen und Cocktails.

- 33, place du Marché | Liège
  Tel. 04/2 22 42 60
  www.chezbolasbug.be
  Tgl. 8.30–24 Uhr

L'Oeuf au Plat €

Eierspeisen in allen Varianten.

- 30, quai de la Batte | Liège
  Tel. 04/2 22 40 32
  Di und So abends geschl.

Eupen 2 [M5]

Die kleine Kreis- und Industriestadt (19 000 Einw.) ist Verwaltungssitz der deutschsprachigen Bevölkerungsgruppe Belgiens. Im 17. und 18. Jh. entwickelte sich in Eupen eine erfolgreiche Tuchmanufaktur. Sie brachte der Stadt den Wohlstand, der sich noch heute an den Patrizierhäusern ablesen lässt. Außer ihnen hat nur die Kirche **St-Nicolas** mit ihren schönen Barockaltären die Bombardements während der beiden Weltkriege überstanden.

Info

Tourist Information

- Marktplatz 7 | 4700 Eupen
  Tel. 087/55 34 50 | www.eupen.be

Malmedy 3 [M6]

Inmitten der Hügel der Ardennen liegt dieser malerische Ferienort (12 300 Einw.) am Ufer der Warche, einst Zentrum der Papier- und Lederindustrie und in beiden Weltkriegen schwer zerstört. Hier ist vor allem die barocke **Kathedrale** (18. Jh.) einen Besuch wert. Von dort führt ein Kreuzweg über 13 Stationen auf den Kalvarienberg mit einer den Heiligen Agathe und Apollonia geweihten Kapelle. Etwas unterhalb befindet sich ein Aussichtspunkt mit wunderbarem Blick auf Malmedy.

Info

Haus des Tourismus

- 29, place Albert 1er | 4960 Malmedy
  Tel. 080/33 02 50
  www.eastbelgium.com

Hotel

Maison Geron €€

Hübsches herrschaftliches Haus, 3 km außerhalb. Mit großer Terrasse in einem Park am Rande des Hohen Venn.

- 4, route de la Ferme Libert | Malmedy
  Tel. 080/33 00 06 | www.geron.be

Restaurant

Ferme Libert €€

Schönes Landgasthaus mit guter Küche, die auf Wild spezialisiert ist.

- Bévercé-Village Nr. 26 | Malmedy
  Tel. 080/33 02 47
  Tgl. 12–14, 18.30–20.30 Uhr

SEITENBLICK

Naturpark Hohes Venn 3

Eupen und Malmedy liegen am Rande des Deutsch-Belgischen Naturparks Hohes Venn. Die seltene Flora und Fauna des Hohen Venn/Hautes Fagnes innerhalb des 2400 km² großen Gebiets sind streng geschützt und daher sind nicht immer alle Parkteile zugänglich. Informationen dazu erhält man im Naturparkzentrum Botrange › **S. 62** oder unter www.naturpark-hohesvenn-eifel.de.

Stavelot 4 [L6]

Das Bilderbuch-Städtchen ist eine Karnevalshochburg in Belgien und die Heimat der »Blancs Moussis«, skurriler Gestalten in weißen Kapuzenmänteln, die sich am 3. Sonntag vor Ostern zu einer ausgelassenen Parade versammeln. Die altehrwürdige **Abbaye de Stavelot** aus dem 16. Jh. beherbergt den Kirchenschatz von St-Sébastian (18. Jh.) mit dem prächtig verzierten Reliquienschrein des hl. Remaclus (13. Jh.) sowie drei verschiedene Museen (32, place Saint Remacle, tgl. 10 bis 18 Uhr, www.abbayedestavelot.be).

Motorsportfreunde tauchen im **Musée du Circuit de Spa-Francorchamps** in die Welt der nahe gelegenen legendären Rennstrecke ein. Und in den Gewölben der Abtei Stavelot sind PS-starke Rennmotorräder und -boliden zu bestaunen (tgl. 10–18 Uhr, Renntermine unter www.spa-francorchamps.be).

Spa 5 [L6]

Die Kurstadt (10 500 Einw.) lebt vom guten Ruf ihrer Mineralquellen. Von einstiger Pracht zeugen die Bauten aus dem 19. Jh., v. a. der Kursaal samt Kasino. Moderne Erholungseinrichtungen bieten Bäder und Wellnessbereiche des Kurhauses (www.thermesdespa.com).

Info

Office du Tourisme

- 41, place Royale | 4900 Spa
  Tel. 087/79 53 53
  www.spatourisme.be

Hotels

La Heid des Pairs €€–€€€
Ardennen-Landvilla (8 Zimmer) aus dem 19. Jh. in großem Park; mit schönem Kaminzimmer und Pool.
- 143, avenue Prof. Henrijean | Spa
  Tel. 087/77 43 46 | www.laheid.be

Le Relais €€
Kleines Hotel (11 schlichte Zimmer) in altem, renoviertem Stadthaus, am Kurzentrum gelegen. Nichtraucher-Restaurant mit regionalen Gerichten.
- 22, place du Monument | Spa
  Tel. 087/77 11 08
  www.hotelrelais-spa.be

Restaurant

L'Auberge €€
Elegant, raffinierte französische Küche.
- 3-4, place du Monument | Spa
  Tel. 087/77 48 33 | www.auberge-spa.be
  Tgl. 12–14.30, 18.30–22 Uhr

Sougné-Remouchamps 6 [L6]

Der Ferienort (8500 Einw.) im Tal der Amblève besitzt eine spektakuläre **Tropfsteinhöhle,** die vor 8000 Jahren von Jägern bewohnt war. Der Abstieg zum unterirdischen Fluss Rubicon führt unter theatralisch angestrahlten Stalaktiten hindurch, Rückfahrt per Boot (Feb.–Nov. tgl. 10–18, Dez., Jan. Sa, So 10–16 Uhr).

Durbuy 7 ★ [K7]

Der malerische Ort Durbuy (400 Einw.) an einer Schleife der Ourthe erfreut im Sommer mit sehr farbenfroher Blumenpracht. Schon seit dem 10. Jh. ist hier eine Festung belegt; 1331 wurden dem Ort, der ein einflussreiches Handelszentrum war, die Stadtrechte verliehen. Die Reste der Verteidigungsanlagen, die Häuser aus dem 17. und 18. Jh. sowie das Schloss (17. Jh.) mit seinem Jagdmuseum sind sehenswert.

Beim Flusskrebsfestival, das von Mitte Juni bis Mitte Juli stattfindet, werden feine Flusskrebse aus der Ourthe serviert.

Info

Syndicat d'Initiative Durbuy
- 25, place aux Foires | 6940 Durbuy
  Tel. 086/21 24 28
  www.durbuyinfo.be

SEITENBLICK

Wo die Belgier Deutsch sprechen

Über hundert Jahre lang waren das Gebiet um Eupen, Malmedy und St. Vith ein Zankapfel der europäischen Großmächte. Der Wiener Kongress sprach das Gebiet 1815 Preußen zu, im Versailler Vertrag nach dem Ersten Weltkrieg fiel es an Belgien, nach dem Einmarsch der deutschen Wehrmacht 1940 wurde es gleich dem Deutschen Reich einverleibt. Heute ist die Zugehörigkeit der Ostkantone zum Königreich Belgien kein Diskussionsstoff mehr. Aus den Sprachstreitigkeiten halten sich die deutschsprachigen Belgier heraus und genießen in Fragen der Kultur-, Schul- und Gesundheitspolitik weitgehende Autonomie.

La-Roche-en-Ardenne 8 ★ [K8]

Der Ort (4200 Einw.), ein Zentrum des Ardennen-Tourismus, duckt sich an einer Flussschleife der Ourthe malerisch unter die Ruine seiner gewaltigen Burg (Zugang über eine Treppe gegenüber dem Rathaus; Juli, Aug. 10–18.30, April bis Juni, Sept.–Okt. 11–17, sonst Mo bis Fr 13–16 Uhr). Die Aussichtspunkte Le Hérou und Belvédère de six Ourthes erlauben den weiten Blick.

Das **Musée de la Bataile des Ardennes** (5, rue Châmont) informiert über die Ardennenschlachten.

Weiter nördlich lockt unweit von Hotton eine der vielen Tropfsteinhöhlen der Ardennen, die märchenhafte **Grotte des Mille et Une Nuits,** »Grotte aus 1001 Nacht« (April bis Okt. tgl. 10–16, Juli, Aug. 10–17, Nov. bis März Sa, So 12.30, 14, 15.30 Uhr Führungen, www.grottesdehotton.com).

Info

Syndicat d'Initiative de La Roche-en-Ardenne

- 15, place du Marché
  6980 La-Roche-en-Ardenne
  Tel. 084/36 77 36
  www.la-roche-tourisme.com

Hotels

La Claire Fontaine €€

Modernes Haus mit 28 hübschen Zimmern und Garten am Flussufer.

- 64, rue Vecpré (Route de Hotton)
  La-Roche-en-Ardenne
  Tel. 084/41 24 70
  www.clairefontaine.be

Moulin de la Strument €€

Ruhiges Hotel in den Anbauten einer restaurierten Wassermühle. Gute regionale Küche.

- 62, Petite Strument
  La Roche-en-Ardenne
  Tel. 084/41 13 80
  www.strument.com

Restaurant

Du Midi €€

Hotelrestaurant mit feinster Regionalküche, vor allem Wildspezialitäten.

- 6, rue Beausaint | La-Roche-en-Ardenne
  Tel. 084/41 11 38 | www.hotelmidi.be
  Tgl. 12–14.30, 18.30–22 Uhr

Bastogne 9 [L9]

Die Wehranlage der kleinen Stadt (15 000 Einw.) unweit der Grenze zu Luxemburg ließ Louis XIV. 1688 bis auf die **Porte de Trèves** schleifen. 1944 war der Ort für US-Truppen ein wichtiger Punkt der Ardennenoffensive. Auf dem Hügel **La Mardasson** liegt die Gedenkstätte für 77 000 gefallene US-Soldaten. Seit 2014 widmet sich das **Bastogne War Museum** dem Zweiten Weltkrieg (Di–Do 10–18, Fr–So 10–19 Uhr, www.bastognewarmuseum.be).

Arlon 10 [L10]

Die alte Hauptstadt (28 000 Einw.) der Provinz Luxemburg liegt auf einem Hügel über der Quelle der Semois. Kelten, Römer und Merowinger hinterließen hier ihre Spuren. Die Sammlungen des **Musée Luxembourg** spiegeln die Kultur dieser Völker wider (13, rue des Martyrs,

Di–Sa 9–12, 13–17.30, Ostern–Mitte Sept. auch So 13.30–17.30 Uhr, www.ial.be).

Zu den Sehenswürdigkeiten zählen der **römische Turm** an der Grand-Place mit einem Neptunrelief (Zugang über eine Metalltreppe) und die **Ruinen der römischen Thermen** (4. Jh.) beim alten Friedhof. Hier sind die Reste der ältesten christlichen Kirche Belgiens aus dem 5. Jh. zu sehen.

Die malerischen Ruinen der Abbaye d'Orval

Abbaye d'Orval 11 ★4 [K10]

Seit der Gründung im 12. Jh. entwickelte sich Orval zu einem der berühmtesten Zisterzienserklöster des Landes. Während der Französischen Revolution wurde es ausgeraubt und in Brand gesteckt. Doch auch die **Ruinen der Liebfrauenkirche,** des Kreuzgangs und des Kapitelsaals sind imposant (tgl. März–Okt. 9.30 bis 18, Nov.–Febr. 10.30–17.30 Uhr, www.orval.be). Auch heute leben noch Mönche in Orval, sie produzieren Käse und brauen ein weithin bekanntes dunkles Bier.

Bouillon 12 [J10]

In einer Flussschleife der Semois liegt im Schatten der mächtigen Burg von Bouillon das gleichnamige Städtchen (5500 Einw.). Bauherr der Festung war Gottfried von Bouillon (1061–1100). Unter seiner Führung nahm ein Kreuzritterheer 1099 Jerusalem ein. An dem im Boden eingelassenen Kreuz auf der Burg legten die Kreuzfahrer ihr Gelöbnis ab. Bis heute gilt die Burg als ein besonders eindrucksvolles Beispiel mittelalterlichen Festungsbaus (Juli, Aug. tgl. 10–18.30, April–Juni, Sept. tgl. 10–18, Sa, So bis 18.30, Okt., März 10–17, Sa, So bis 18, Nov. tgl. 10–17, Sa, So bis 18, Dez.–Febr. Mo–Fr ab 13, Sa, So 10–17 Uhr). Ein »**Greifvogelballett**« stellt eine zusätzliche Attraktion dar (März–Mitte Nov. tgl. 11.30, 14 und 15.30 Uhr).

Den besten Blick über Festung und Stadt hat man von der **Tour d'Autriche.** Das **Musée Ducal** (Herzogliches Museum) bei der Festung informiert über die Geschichte von Burg und Stadt (Ostern–Sept. 10 bis 18, Okt.–Mitte Nov. tgl. 10–17 Uhr).

Info

Syndicat d'Initiative

- Chateau-Fort | 6830 Bouillon
  Tel. 061/46 62 57
  www.bouillon-initiative.be

Hotel

Hôtel de la Poste €–€€

Das 4-Sterne-Hotel (66 Zimmer) in einem Gebäude von 1730 liegt direkt am

In den Gärten von Château de Freÿr blühen jahrhundertalte Apfelsinenbäume

Fluss mit Blick auf die Lütticher Brücke. Hier logierten einst Emile Zola und Kaiser Napoléon III.

- 1, place St-Arnould | Bouillon
  Tel. 061/46 51 51
  www.hotelposte.be

Saint-Hubert 13 [K8]

Inmitten ausgedehnter Wälder liegt Saint-Hubert (5700 Einw.). Der Legende nach soll Hubert, später Bischof von Liège, am Karfreitag des Jahres 683 ein Prachtexemplar von einem Hirschen gejagt haben. Als er auf das Tier anlegte, erstrahlte im Geweih ein Kreuz. Eine Stimme forderte Hubert auf, seine Jagdleidenschaft aufzugeben und sein Leben der Verbreitung des Christentums zu widmen. Er gehorchte.

Die spätgotische **Hubertuskirche** wurde im 16. Jh. über romanischen Fundamenten als fünfschiffige Kirche mit Chorumgang errichtet. Im September wird das Hubertusfest gefeiert, am 3. November findet neben der feierlichen Sankt-Hubertus-Prozession ein großer Markt statt.

Info

Maison du Tourisme

- 12, rue Saint-Gilles
  6870 Saint-Hubert
  Tel. 061/61 30 10
  www.saint-hubert-tourisme.be

Restaurant

Le Basilic €€–€€€

Das in warmen Tönen gehaltene Lokal im Ortskern bietet gehobene französische Küche. Reservierung erbeten.

- 8, place de l'Abbaye | Saint-Hubert
  Tel. 061/50 48 58 | www.le-basilic.be
  Mo, Mi abends geschl.

Tagesausflug

Dieser Tagesausflug spricht alle Altersgruppen an. Zuerst geht es nach **Libramont-Chevigny** [K9], wo das Keltenmuseum allerhand über die einstigen Bewohner der Ardennen und ihr ausgeprägtes Technikverständnis vermittelt – sie erfanden u.a. die Seife, das Sieb und das Kettenhemd (Pl. Communale, Juli, Aug. Mo–Sa 9.30–17, So, Fei 14–18, sonst Di–Fr 9.30–17, So, Fei 14 bis 18 Uhr, www.museedesceltes.be). Dann geht es in die Zukunft: In **Transinne** [J9] entführt das Euro Space Center in die Raumfahrt mit dem originalgetreuen Nachbau einer Raumfähre und einer Ariane-Rakete sowie dem Kino, das einen Weltraumflug simuliert. Für Kinder gibt es einwöchige Astronautencamps (direkt an der Autobahn, Juli, Aug. tgl. 10–17, Mitte April–Juni,

Sept.–Anfang Nov. Di–So 10 bis 16 Uhr, www.eurospacecenter.be).

In den fast 40 Buchhandlungen und Antiquariaten von **Redu** › S. 59 sind Leseratten herzlich willkommen. Besonders hübsch ist das »Artikel 31« (14, rue St. Hubert) mit einem eigenen Café im Schatten der Dorfkirche.

Rochefort 14 [J8]

Am Rand des Nationalparks Lesse und Lomme zwischen den gleichnamigen Flüssen liegt dieser hübsche Urlaubs- und Ausflugsort (12 000 Einw.). Bierkennern ist er durch das in der Abtei St-Remy gebraute Trappistenbier der Marke »Rochefort« vertraut. Die Tropfsteinhöhlen **Grottes de Rochefort** beeindrucken mit der gewaltigen »Salle du Sabbat«.

Grotte von Han 15 [J8]

In der 10 km langen Tropfsteinhöhle von Han-sur-Lesse suchten Menschen bereits in der Jungsteinzeit Schutz. Fundstücke von der Merowingerzeit bis heute stellt das **Musée du Monde Souterrain** aus. Höhepunkt der rund zweistündigen Besichtigungstour ist der 129 m hohe Kuppelsaal **Salle du Dôme** mit einer abschließenden Bootsfahrt auf der Lesse (der Zugang zur Höhle erfolgt mit der Elektrobahn im Ortszentrum; Grotte: April–Okt. tgl. ab 10 Uhr mehrere Touren, Infos unter www.grotte-de-han.be).

Info

Office de Tourisme

- 5, rue de Behogne | 5580 Rochefort
  Tel. 084/34 51 72 | www.valdelesse.be

Château de Celles 16 [J8]

Hoch über dichtem Wald ragt auf einem Plateau das **Schloss Vêves** auf, ein Musterbeispiel für die Festungsarchitektur des 15. Jhs. (April–Okt. Di–Do und Sa, So 10–17.30 Uhr, Mitte Juli–Ende Aug. tgl., www.chateau-de-veves.be).

Château de Freÿr 17 [H8]

Direkt am Ufer der Maas liegt das Renaissanceschloss Freÿr, das seit 20 Generationen von derselben Familie bewohnt wird. Der französische Park erstreckt sich über drei Terrassen. Er birgt 300 Jahre alte Apfelsinenbäume und die älteste Orangerie des Landes. (Schloss und Gärten: April–Juni, Sept.–15. Nov. nur Sa, So, Fei 10–17, Juli, Aug. Di–So 11–17 Uhr, letzter Einlass 16.15 Uhr, www.freyr.be). Die schroffen Felsen am Ufer gegenüber sind der Klettergarten der belgischen Alpinisten.

Dinant 18 ★ [H7]

Das Städtchen (13 900 Einw.) zieht sich auf mehr als 4 km Länge am Ufer der Maas entlang. Seit dem 12. Jh. ist es berühmt für seine kunstvollen Kupfer- und Messingarbeiten, die »Dinanderien«. Aus Dinant stammt Adolphe Sax (1814–1894), der Erfinder des Saxofons. Bedingt durch seine exponierte Lage war Dinant stets bevorzugtes Ziel in kriegerischen Auseinandersetzungen.

Beherrschendes Bauwerk ist die **Zitadelle,** die man per Auto, Kabinenseilbahn oder zu Fuß über 405 Stufen erreicht. Von oben bietet sich ein fantastischer Ausblick auf die Stadt mit ihrer frühgotischen **Collégiale Notre-Dame.** Ihr wurde im 17. Jh. der erdrückend große Zwiebelturm aufgesetzt, der heute Wahrzeichen von Dinant ist. Lesepult und Leuchter im Chor sind Musterbeispiele für »Dinanderien«.

Fast noch im Ortskern lockt die Unterwelt: Eine 50-minütige Führung macht mit der Tropfsteinhöhle **Grotte la Merveilleuse** bekannt (stündlich, April–Okt. tgl. 11–17, Sa, So und während der Sommerferien 10–18, Nov.–März Sa, So und während der Schulferien 13–16 Uhr).

Empfehlenswert ist eine **Rundfahrt auf der Maas.** Anlegestelle gegenüber dem Hôtel de Ville (Rathaus). Etwa 1 km südlich von Dinant türmt sich der markante Felsblock »La Roche Bayard« auf.

Info

Maison de Tourisme

- 5, avenue Colonel Cadoux | 5500 Dinant
  Tel. 082/22 28 70
  www.dinant-tourisme.com

Hotel

La Merveilleuse €€–€€€

Elegantes Hotel in einem ehemaligen Kloster, mit Vinothek und Wellness-Spa.

- 23, charreau des Capucins | Dinant
  Tel. 082/22 91 91
  www.lamerveilleuse.be

Restaurant

La Broche €€

Gute und preiswerte französische Küche.

- 22, rue Grande | Dinant
  Tel. 082/22 82 81 | www.labroche.be
  Di, Mi geschl.

Ausflug

Am linken Ufer der Maas locken zwei Ziele ganz unterschiedlicher Art: Die neugotische **Abbaye de Maredsous** (18 km nordwestl. von Dinant) im Molignée-Tal wurde im Jahr 1872 von Benediktinern gegründet. Sie ist im ganzen Land berühmt für ihren würzigen Weichkäse und ihre drei hier gebrauten Abteibiere (www.maredsous.be).

Gut 12 km weiter wartet das **Lustschloss von Annevoie-Rouillon** (18. Jh.) im Park von Annevoie, der neben französischen, italienischen und englischen Stilelementen den einzigen Wassergarten Belgiens aufweist (www.annevoie.be).

Spontin 19 [J7]

Der Ort im Flusstal des Bocq ist für seine Mineralquellen und die Burg (12.–19. Jh.) bekannt. Sie liegt mitten im Fluss und liefert ein Paradebeispiel früher Festungsarchitektur, an der bauliche Veränderungen von der Gotik bis hin zur Renaissance nachvollziehbar sind. Die Burg ist nicht zugänglich; da mag ein Besuch in der rund 5 km westlich gelegenen historischen Brauerei des Bocqs › **S. 44** zumindest ein wenig trösten.

Namur 20 [H6]

Die Hauptstadt (110 000 Einw.) der Provinz Namur wurde in der Römerzeit am strategisch wichtigen Zusammenfluss von Sambre und Meuse gegründet. Sie war häufig Kriegsschauplatz. Ein Relikt dieser Zeit ist die **Zitadelle** über der Stadt, die einen prächtigen Ausblick bietet. Von April bis Oktober lockt hier der Parc Attractif Reine Fabiola mit Attraktionen für Kinder (www.parf.be). Sehenswert sind zudem die klassizistische **Kathedrale St-Aubain** und die reich dekorierte, ehemals jesuitische **Barockkirche St-Loup.**

Das **Diözesanmuseum** neben der Kathedrale lohnt wegen seiner Kunstschätze (11.–13. Jh.) einen Besuch. Herrliche Goldschmiedearbeiten von Hugo d'Oignies (13. Jh.) zeigt das **Institut des Sœurs de Notre-Dame.** Die alte Fleischhalle (16. Jh.) beherbergt heute das **Musée Archéologique** mit einer Sammlung merowingischer Kleinkunst und diversen archäologischen Funden.

Info

Office du Tourisme

- Place de la Station | 5000 Namur
  Tel. 081/24 64 49
  www.namurtourisme.be

Hotels

Château de Namur €€€

Landschloss unterhalb der Zitadelle mit 29 schlicht-eleganten Zimmern.

Blick von der Zitadelle auf Dinant

- 1, avenue Ermitage | Namur
  Tel. 081/72 99 00
  www.chateaudenamur.com

New Hotel de Lives €€

Best-Western-Hotel im Park am Hochufer der Maas. 20 Komfortzimmer in einem Landhaus aus dem 19. Jh.

- 1178, chaussée de Liège | Namur
  Lives sur Meuse
  Tel. 081/58 05 13
  www.newhoteldelives.com

Restaurants

La Bergerie €€€

! Köstlich speisen in einem romantischen Park; feine Lammspezialitäten.

- 100, rue de Mosanville | Namur
  Lives sur Meuse
  Tel. 081/58 06 13
  www.bergerielives.be
  So abends, Mo und Di geschl.

La Petite Fugue €€

Schickes modernes Restaurant, sehr gute französische Küche.

- 5, place Chanoine Descamps | Namur
  Tel. 081/23 13 20
  www.lapetitefugue.be

Karte S. 64

Shopping

An der östl. Zufahrt zur Zitadelle lockt die Parfümerie **Guy Delforge.**

- Château des Comtes | Namur
  www.delforge.com
  Mo–Sa 10–17.30, So, Fei 14–18 Uhr

Huy 21 [J6]

Seit dem 7. Jh. pflegt die Stadt (21 000 Einw.) die Tradition der Zinngießerei. Als einer der bedeutendsten hochgotischen Bauten Belgiens gilt die **Stiftskirche Notre-Dame** aus dem 14./15. Jh. mit ihrer romanischen Krypta. Berühmt sind die mächtige Fensterrosette »Li Rondia«, der Kirchenschatz mit vier Reliquienschreinen aus dem 12./13. Jh. und das Bethlehem-Portal.

Auf der **Grand-Place** befindet sich vor dem Rathaus der Brunnen **Li Bassinia** (18. Jh.), bei dessen Bau man ältere Bronzefiguren wieder verwendete. Im **Gemeindemuseum** (früher Franziskanerkloster, 17. Jh.) werden Sammlungen zur Lokalgeschichte gezeigt.

Die **Zitadelle** (19. Jh.; per Seilbahn erreichbar), einst Staatsgefängnis, war im Zweiten Weltkrieg Durchgangslager für Menschen, die das Nazi-Regime als »unwertes Leben« einstufte und ermordete – ein Thema im kleinen Résistance-Museum.

Ein Abstecher ans andere Ufer der Meuse zur **Zisterzienserinnenabtei Marche-les-Dames** (12. Jh.) empfiehlt sich 9 km hinter Andenne. Eine Gedenktafel am Felsen erinnert an den Tod König Alberts I., der hier 1934 bei einer Klettertour abstürzte.

Info

Maison de Tourisme

- 1, quai de Namur | 4500 Huy
  Tel. 085/21 29 15 | www.pays-de-huy.be

Hotel

Du Fort €

Historisch und schlicht, aber gut geführt.

- 6, chaussée Napoléon | Huy
  Tel. 085/21 24 03 | www.hoteldufort.be

Restaurant

Les Caves Gourmandes €€

Etwas versteckt liegendes Kellerrestaurant mit feiner regionaler Küche.

- Place Saint Séverin 5a | Huy
  Tel. 085/21 26 23
  Mi, Do geschl.

Amay und Schloss Jehay 22 [J6]

Bei Umbauarbeiten an der romanischen **Stiftskirche St. Georges et Ste. Ode** von Amay (13 800 Einw.) wurden bedeutende Relikte aus merowingischer Zeit entdeckt, u.a. der Sarkophag der hl. Chrodoara, der sie als Äbtissin mit einem Stab zeigt.

Hinter der Kirche führt eine Nebenstraße zum **Wasserschloss Jehay** (16. Jh.) mit auffälliger Fassade im Schachbrettmuster. Zur romantischen Anlage gehört ein Skulpturengarten mit Elfen und Najaden (April–Sept. Di–Fr 14–18, Sa, So 11–18 Uhr). Reste eines Pfahlbaudorfes bezeugen eine Besiedlung des Gebietes in der Mittelsteinzeit.

Das Antwerpener Stadhuis mit dem Brabo-Brunnen

NORDÖSTLICHE PROVINZEN

Kleine Inspiration

- **Einem Orgelkonzert lauschen** in Antwerpens Kathedrale › S. 88
- **Ein Schlückchen Jenever** direkt vom Fass verkosten in Hasselt › S. 94
- **Nostalgie erleben** im Freilichtmuseum von Bokrijk › S. 95
- **Den ältesten Beginenhof** Flanderns in Lier besuchen › S. 91
- **In die Welt des Deutschen Ritterordens** eintauchen in Alden Biesen › S. 96

Die Provinzen Limburg, Antwerpen und Flämisch-Brabant atmen Mittelalter wie Moderne gleichermaßen. Die grüne, flache Landschaft zwischen Leuven, Tongeren und Antwerpen ist ein Dorado für Radfahrer.

Die Provinzen Limburg, Antwerpen und Flämisch-Brabant bilden den Norden und Osten Belgiens. Kanäle durchziehen das flache grüne Land, akzentuiert von Geländewellen oder Hügeln – das ideale Terrain für gemütliche Radtouren. Limburg gilt als besonders fahrradfreundlich. Ihr dichtes, mehr als 750 km langes Radwegenetz ist mit nummerierten und beschilderten Knotenpunkten markiert, die die Orientierung auf den Wegen ganz leicht machen.

Unterwegs trifft man in kurzen Abständen auf Dörfer sowie kleinere und größere Städte. Fast alle hüten stattliche Zeugnisse vergangener Bedeutung. Tongeren ganz im Osten kann sogar mit einem römischen Erbe aufwarten. Aus der Reihe der kleinen Kunststädte ragen einige ganz besonders heraus: die ehrwürdige Universitätsstadt Leuven und die Glockenspielerstadt Mechelen.

Da und dort haben sich auch einige Fleckchen fast unberührter Natur erhalten: Der recht junge Nationalpark Hoge Kempen zwischen Maas und Schelde erfreut mit Tannenwäldern und Heideflächen. Weiter Richtung Antwerpen stellt die Kalmthoutse Heide den letzten Rest eines einst ausgedehnten Heidelandes dar.

Die Hafenstadt Antwerpen ist das Glanzlicht der Region. Hier ist internationales Flair zu spüren, hier blühen Diamantenhandel, Warenumschlag und Tourismus. Antwerpen ist eine Weltstadt – wenn auch vielleicht die kleinste der Welt.

Peter Paul Rubens' Kreuzabnahme in der Liebfrauenkathedrale von Antwerpen

Touren in der Region

Tour 6 Steeplechase: Von Turm zu Turm

Route: **Tongeren › Sint-Truiden › Zoutleeuw › Tienen › Leuven › Mechelen › Lier › Antwerpen**

Karte: Seite 82
Dauer: 2 Tage
Praktische Hinweise:

- Zwar bestehen zwischen den einzelnen Städten gute Bus- oder Zugverbindungen, doch wird man eine ausführliche Erkundung der Region wahrscheinlich mit dem Auto vornehmen.

Tour-Start:

Steeplechase – ein Rennen von Kirchturm zu Kirchturm – war in früherer Zeit ein beliebtes Sonntagsvergnügen englischer Gentlemen. Eine Auswahl sehenswerter (wenngleich meist unvollendeter) Türme findet sich im nördlichen Belgien. **Tongeren** 13 › S. 96 mit dem Turm der gotischen Liebfrauenbasilika ist der Startpunkt der Tour. Der herausragende Turm von **Sint-Truiden** 11 › S. 95 gehört nicht der Kirche, sondern den Bürgern der Stadt: der Belfried neben dem eleganten klassizistischen Rathaus.

Die Leonarduskirche in **Zoutleeuw** 12 › S. 96 ist wegen ihrer prächtigen Ausstattung allemal einen Abstecher wert. Der zierliche Turm über der Vierung ist zugleich der Glockenturm der Stadt.

Mit zwei schönen Kirchtürmen kann **Tienen** 6 › S. 93 aufwarten, wenn auch beide unvollendet geblieben sind und mit barocken Helmen Vorlieb nehmen müssen.

In der netten Universitätsstadt **Leuven** 5 › S. 91 mussten ebenfalls hochfliegende Pläne begraben werden: Der geplante mächtige Turm ist als Stumpf stecken geblieben. Ein Modell in der Kirche zeigt, was hätte werden können, wenn …

Auch in **Mechelen** 2 › S. 90 haben die Träume der Realität nicht standgehalten: Von den geplanten 168 m wurden nur 97 m realisiert – in schönster Brabanter Hochgotik.

Die Gummaruskirche in **Lier** 3 › S. 91 ist ebenfalls unvollendet, doch trägt sie ihren flachen Helm mit großer Würde. Lier kann freilich einen anderen Turm ins Feld führen: den Zimmerturm mit seiner erstaunlichen Kunstuhr, die dem erstaunten Betrachter mehr anzeigt, als man je zu wissen hoffte.

Und dann erreicht man **Antwerpen** 1 › S. 84, die Schöne an der Schelde, und hier endlich zeigt sich am Liebfrauendom, dem größten Sakralbau Belgiens, was flämische Baumeister zustande bringen konnten, wenn die Umstände günstig waren: 123 m misst der Turm, und die gotische Leichtigkeit und Eleganz, Würde und Pracht des Gotteshauses schlägt zweifellos jeden in seinen Bann.

Tour 7 Radtour durchs Kempenland

Route: **Turnhout › Zondereigen › Baarle-Hertog › Poppel › Hooge Mierde › Oud-Turnhout › Turnhout**

Karte: Seite 82
Dauer: 1 Tag
Praktische Hinweise:
- Fahrradverleih am Bahnhof Turnhout, Tel. 03/2 29 56 76 (April–Sept.).
- Länge der Tour: 55 km
- Informationen:
  Touristeninfozentrum 't Steentje
  Grote Markt 44 | 2300 Turnhout
  Tel. 014/44 33 55
  www.toerismeturnhout.be

Tour-Start:

Die Hauptstadt des Kempenlandes ist Turnhout, ein Provinzstädtchen mit stattlicher Kirche und ! schönem Beginenhof, wo sich für die Übernachtung das B&B Haus De

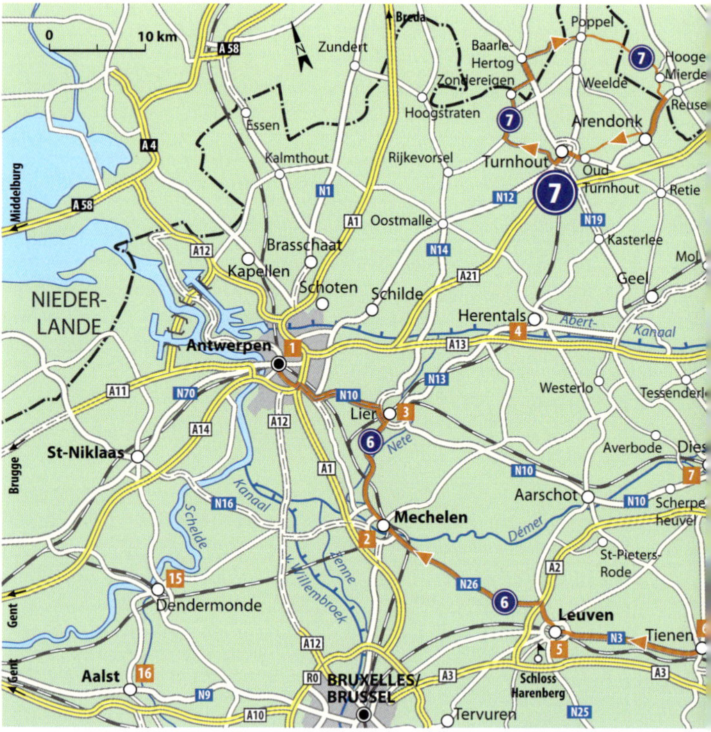

Joker (€–€€, Glazenierstraat 37, 2300 Turnhout, Tel. 0478/28 52 72, www.dejoker.be) anbietet.

Es geht zunächst nach Westen Richtung Merkplas, dann aber schon bald nach Norden und über kleine Straßen nach Zondereigen. Gleich danach überquert man die Grenze nach Holland und landet – wieder in Belgien.

Das Örtchen Baarle-Hertog ist eine belgische Exklave, die zusammen mit dem holländischen Dorf Baarle-Nassau am selben Fleck existiert. Einträchtig nebeneinander stehen Häuser mit holländischen oder belgischen Hausnummern, ja, ein Haus gehört sogar zur einen Hälfte zu Belgien, zur anderen zu den Niederlanden. Von Baarle-Hertog aus geht es nach Poppel und dann durch das Heide- und Moorgebiet Hooge Mierde. Über Arendonk erreicht man schließlich Oud-Turnhout mit dem prächtigen Klostergebäude der einstigen Priorei Corsendonk. Von hier aus radelt man nur ein paar Minuten bis zum Ausgangspunkt der schönen Tagestour: Turnhout.

Wichtige Adressen

Toerisme Provincie Antwerpen

- Koningin Elisabethlei 16
  2018 Antwerpen
  Tel. 03/2 40 63 73
  www.toerismeprovincieantwerpen.be

Toerisme Limburg

- Universiteitslaan 3
  3500 Hasselt
  Tel. 011/30 55 00
  www.toerismelimburg.be

Toerisme Vlaams-Brabant

- Provincieplein 1
  3010 Leuven
  www.toerismevlaamsbrabant.be

Touren im Nordosten

Tour 6

Steeplechase: Von Turm zu Turm

Tongeren › Sint-Truiden › Zoutleeuw › Tienen › Leuven › Mechelen › Lier › Antwerpen

Tour 7

Radtour durchs Kempenland

Turnhout › Zondereigen › Baarle-Hertog › Poppel › Hooge Mierde › Oud-Turnhout › Turnhout

Unterwegs im Nordosten

Antwerpen 1 [F2]

Neben Brüssel bildet die Hauptstadt (507 000 Einw.) der gleichnamigen Provinz den zweitgrößten Ballungsraum Belgiens. Ihre Bedeutung gewinnt sie durch ihre modernen Hafenanlagen sowie durch die Automobil-, die Chemie- und die Modeindustrie. Auch in der Vergangenheit bestimmte der Hafen die Entwicklung der Stadt. Handel und Wirtschaft schufen eine weltoffene Atmosphäre, in der Kunst und Kultur blühten.

Onze-Lieve-Vrouwe-Kathedraal

Het Steen A

Die Burg mit den Grundmauern aus dem 9. Jh. ist der markanteste Blickfang am Schelde-Kai und ältester Siedlungsrest der Stadt, die im 8. Jh. an der Schelde gegründet wurde. Zur Residenz der Markgrafen wurde die Festung zu Beginn des 16. Jhs. umgebaut. Die dunklen Reste des ursprünglichen Baus kann man leicht von den in hellem Sandstein neu entstandenen Teilen unterscheiden. Rund 1 km nördlich lockt auf **Het Eilandje** das **MAS,** das die Sammlungen des Schifffahrts-, Volks- und Völkerkundemuseums in einer sehenswerten Ausstellung vereint (Di–So 10 bis 17 Uhr, www.mas.be). Das alte Hafenviertel hat sich zu einem angesagten Szeneviertel mit schicken Bars gemausert.

Die Uferstraße Kaaien, die am Steen entlangführt, eröffnet den schönsten Rundblick über die Schelde. Am nördlichen Horizont lassen sich die Ladebäume des Hafens ausmachen, stadteinwärts beherrscht der majestätische Turm der **Liebfrauenkathedrale,** vor der im Dezember ein ! hübscher Weihnachsmarkt stattfindet, das Bild. Hier kann man gut nachvollziehen, dass Antwerpen einst eine einflussreiche Hansestadt war. 1565 war es mit mehr als 100 000 Einwohnern nach Paris die größte Stadt nördlich der Alpen. Im Krieg zwischen den reformierten Niederländern und den katholischen Spaniern riegelten die Niederländer die Schelde ab und leiteten damit den Niedergang der Stadt ein. Erst unter Napoleon wurde die Schelde wieder frei. Als Haupthafenstadt der Kolonialmacht Belgien gelangte Antwerpen um die Wende zum 20. Jh. zu neuem Reichtum.

Vleeshuis B

Im 16. Jh. erbauten sich die Antwerpener Fleischer ihr spätgotisches Zunfthaus. Die weißen Sandsteineinlagen zwischen den roten Ziegeln der Fassade erinnern an durchwachsenen Speck. Die obere Etage diente den Fleischern als Sitzungs-, die untere als Verkaufsraum. Geschlachtet wurde in der Gasse davor. Heute widmet sich hier das Museum **Klank van de Stad** der Geschichte der Stadtmusik (Do–So 10 bis 17 Uhr, www.museumvleeshuis.be).

St-Pauluskerk C

Die spätgotische Dominikanerkirche (16./17. Jh.) auf dem Veemarkt wird von einem barocken Glocken-

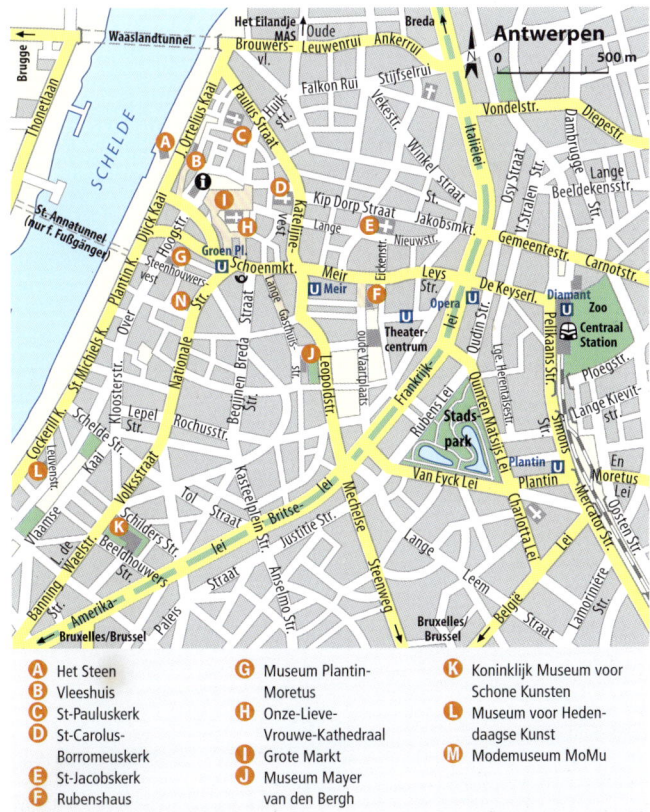

A Het Steen
B Vleeshuis
C St-Pauluskerk
D St-Carolus-Borromeuskerk
E St-Jacobskerk
F Rubenshaus
G Museum Plantin-Moretus
H Onze-Lieve-Vrouwe-Kathedraal
I Grote Markt
J Museum Mayer van den Bergh
K Koninklijk Museum voor Schone Kunsten
L Museum voor Hedendaagse Kunst
M Modemuseum MoMu

turm überragt und ist üppig ausgestattet mit Skulpturen und Gemälden flämischer Meister. Besonders eindrucksvoll sind der Hauptaltar, die Beichtstühle und eine Geißelung Christi im linken Querhaus.

St-Carolus-Borromeuskerk D

Nicht zu übersehen ist die überaus prächtige Fassade dieser Kirche am Hendrik Conscienceplein. An den Plänen dafür soll Peter Paul Rubens mitgewirkt haben, auch die Gemälde des Deckenschmucks stammen aus seiner Werkstatt.

St-Jacobskerk E

Mit dem Bau der spätgotischen Jakobskirche wurde gegen Ende des 15. Jhs. begonnen, rund 200 Jahre später war sie fertiggestellt. Die kreuzförmige Basilika bietet mit ihren beidseitigen Kapellenreihen und dem Kapellenkranz des Chors viel Raum für die reich geschmückten Grabmäler einflussreicher Bürger.

In einer Grabkapelle hinter dem Hochaltar seiner Pfarrkirche fand Peter Paul Rubens (1577–1640) seine letzte Ruhestätte. Die Kapelle schmückt eine »Jungfrau mit Heiligen«, eines seiner späten Gemälde,

SEITENBLICK

Der Meister des Barock

Peter Paul Rubens wurde am 28. Juni 1577 im westfälischen Siegen geboren, wohin sein Vater, ein Rechtsgelehrter aus Antwerpen, vor den Wirren der Gegenreformation geflohen war. Nach dem Tod des Vaters kehrte er im Jahr 1589 in die Heimatstadt der Eltern zurück und erhielt dort eine vom Geist des Humanismus geprägte Ausbildung. Als 23-Jähriger ging er nach Italien und wurde Hofmaler des Herzogs Gonzaga in Mantua, der den jungen Mann auch mit diplomatischen Missionen betraute.

Als er 1608 wieder nach Antwerpen zurückkehrte und dort eine Werkstatt gründete, begann seine unvergleichliche Karriere: Aus seinem Atelier ging eine unerschöpfliche Zahl von Werken hervor, von denen er ca. 600 mit eigener Hand geschaffen hat. Unter anderem arbeiteten Antonis van Dyck, Jacob Jordaens und Jan Brueghel in seiner Werkstatt. Fast alle denkbaren Sujets griff Rubens auf und bearbeitete sie mit nie versiegendem Ideenreichtum: Landschaften, Porträts, biblische, mythische, historische Szenen. Seine Anregungen bezog er sowohl aus seinen italienischen Jahren, in denen er neben den Gemälden von Tizian, Michelangelo und Leonardo da Vinci auch die Werke der Antike kennengelernt hatte, wie auch aus den Bildwelten seiner niederländischen Landsleute. Groß angelegte Historienpanoramen erfüllte er mit seiner Farbenglut und überströmender Sinnlichkeit, dann wieder schuf er mit zartesten Rötelstrichen kleine, intime Bildnisse seiner Angehörigen.

Schon zu Lebzeiten ein berühmter und gefragter Künstler, der sich neben einem großzügigen Stadtpalais auch ein Landhäuschen leisten konnte, gilt Peter Paul Rubens heute nahezu als Inkarnation barocker Ausdruckskraft.

weitere Bilder stammen von seinem Schüler Jacob Jordaens.

Rubenshaus F

Im 17. Jh. erreichte das kulturelle Leben der Stadt seinen Höhepunkt. Peter Paul Rubens, der bedeutendste Maler Antwerpens, kaufte 1610 das repräsentative Stadtpalais, das sich am Vorbild italienischer Palazzi orientiert. Innenhof und Gartenanlage werden von dem **Portikus** getrennt. Neben den prachtvoll ausgestatteten Wohnräumen sind das Atelier und das Kunstkabinett des Malers, eigene Werke und Arbeiten seiner Schüler, aber auch Bilder aus Rubens' bedeutender Kunstsammlung zu besichtigen (Di–So 10 bis 17 Uhr, www.rubenshuis.be, vergünstigtes Kombi-Ticket für das Rubenshuis und das Museum Mayer van den Bergh).

Museum Plantin-Moretus G ★5

Anno 1549 gründete der Buchdrucker Christoph Plantin seine Druckerei, die einzige, die unter Philipp II. das Recht besaß, Mess- und Gebetsbücher für das Spanische Reich – und das war damals die halbe Welt – zu drucken. Unter seinem Schwiegersohn Moretus und dessen Nachkommen arbeitete die Druckerei bis weit ins 19. Jh. hinein. Anschließend wurde das Renaissance-Gebäude mitsamt Druckwerkstatt, Setzerei und Kontor als Museum eingerichtet. Außer einer **!** Ausstellung zur Geschichte des Buches sind kostbare Drucke, u. a. eine der 13 erhaltenen Gutenbergbibeln, die Biblia Regia, zu sehen. Es wurde 2005 als erstes Museum in die Liste des Weltkulturerbes der UNESCO aufgenommen (Di–So 10–17 Uhr, www.plantin-moretus.be).

Onze-Lieve-Vrouwe-Kathedraal H

Mit seinem 123 m hohen Turm ist der Liebfrauendom der mächtigste Sakralbau Belgiens. Auf Betreiben der Bürgerschaft begann man 1352 mit dem Bau, der 1521 vollendet wurde. Fünf Kapellen umgeben den Chor. Außen umrahmen Läden und Cafés die Kathedrale. Zwei Brände, 1443 und 1533, Bilderstürmer und Plünderungen beschädigten die Kathedrale und dezimierten ihre Ausstattung.

Doch beeindruckt der schmucklose Innenraum durch seine ausgewogenen Proportionen. So entfalten zwei Werke von Peter Paul Rubens unbeeinträchtigt ihre Wirkung: **Die Kreuzaufrichtung** und **Die Kreuzabnahme**.

SEITENBLICK

Im Diamantenviertel

Im streng gesicherten Viertel rund um den Hauptbahnhof werden noch immer rund 60 % aller Rohdiamanten der Welt gehandelt. Inzwischen ist Dubai aber ein harter Konkurrent. 500 Jahre lang lag das Geschäft traditionell in jüdischer Hand. Wer die funkelnden Kostbarkeiten nur bestaunen möchte, besucht am besten den Diamantpaviljoen des Museum aan de Strom › **S. 84**, das die schönsten geschliffenen Preziosen von Antwerpen effektvoll in Szene setzt.

Schätze des Museum Mayer van den Bergh

Im Sommer finden jeden Freitag **Orgelkonzerte** in der Kathedrale statt (www.akc-orgel.be).

Stadhuis und Grote Markt I

Cornelis de Vriendt erbaute in den Jahren 1561 bis 1566 das prächtige **Rathaus** an der Westseite des **Grote Markt** im prunkliebenden flämischen Renaissancestil. Es harmoniert bestens mit den umstehenden gotischen Häusern, die jedoch zum Teil erst im 19. Jh. nach alten Plänen wieder hergestellt wurden. Sein Giebelschmuck weist auf die Zünfte und Gilden als frühere Hausbesitzer hin (Nr. 5, Haus der Böttcher; Nr. 7, Haus der Armbrustschützengilde; Nr. 11, Haus der Krämer). Im Zentrum des Marktplatzes, des historischen Zentrums der Stadt, steht der **Brabo-Brunnen.** Er zeigt die Entstehungslegende der Stadt: Der Riese Antigon schlug den Schelde-Schiffern, die ihm keinen Wegzoll entrichteten, die Hände ab und warf diese in den Fluss (Hand werpen = Antwerpen). Schließlich aber soll der römische Legionär Silvio Brabo den Riesen überwältigt und den Grundstein zu einer Siedlung gelegt haben, gewissermaßen die Geburtsstunde Antwerpens.

Museum Mayer van den Bergh J

Zu sehen sind einzigartige Werke wie die »Dulle Griet« von Pieter Brueghel d. Ä. sowie Gemälde von Dirk Bouts und Quentin Metsys. Hinzu kommen mittelalterliche Skulpturen, Möbel, Fayencen, Elfenbeinarbeiten und Buchmalereien (Di–So 10–17 Uhr, www.museummayervandenbergh.be).

Koninklijk Museum voor Schone Kunsten K

Ein klotziger neuklassizistischer Bau beherbergt das Königliche Museum der Schönen Künste, die umfangreichste Sammlung niederländischer Malerei Belgiens. Wegen umfassender Renovierungsarbeiten ist das Haus noch bis voraussichtlich 2017 geschlossen, ausgewählte Werke sind jedoch in anderen Museen der Stadt zu sehen (Info auf www.kmska.be).

Museum voor Hedendaagse Kunst L

Ein umgebauter Getreidespeicher beherbergt heute das Museum für zeitgenössische Kunst, in dem Exponate und Wechselausstellungen aus dem gesamten Spektrum moderner Kunst zu erleben sind (Di bis So 11–18, Do bis 21 Uhr, www.muhka.be).

Modemuseum MoMu Ⓜ

Zwischen hippen Boutiquen und gestylten Garagenshops rund um die Nationalestraat präsentiert das Modemuseum in zwei Themenausstellungen pro Jahr neben klassischen Stücken auch die radikalen Modestatements der Postmoderne. Dries van Noten, Martin Margiela, Ann Demeulemeester, Dirk Bikkembergs und Walter van Beirendonck zeigen ihre schrillsten Entwürfe, Absolventen des Flanders Fashion Institute finden hier ein geeignetes Forum für ihre textilen Fantasien (während der Dauer der Ausstellungen Di–So 10–18 Uhr, www.momu.be).

Info

Tourism Antwerp

- Grote Markt 13
  2000 Antwerpen
  Tel. 03/2 32 01 03
  www.visitantwerpen.be

Hotels

Colombus €€€

Konservativ-gediegen eingerichtetes 32-Zimmer-Haus an der Flämischen Oper; Internetzugang, Schwimmbad, großzügiges Frühstücksbuffet.

- Frankrijklei 4 | Antwerpen
  Tel. 03/2 33 03 90
  www.colombushotel.com

De Witte Lelie €€€

Drei schmucke Altstadthäuser aus dem 16. Jh. beherbergen individuell gestaltete Zimmer.

- Keizerstraat 16–18 | Antwerpen
  Tel. 03/2 26 19 66
  www.dewittelelie.be

Industrie €€

Gepflegtes Hotel mit 13 Zimmern in einem alten Herrenhaus in ruhiger Innenstadtlage.

- Emiel Banningstraat 52 | Antwerpen
  Tel. 03/2 38 66 00
  www.hotelindustrie.be

Leonardo Hotel Antwerpen €€

Praktisches, modernes Quartier 50 m vom Hauptbahnhof mit komfortablen Zimmern und 9 Suiten; eigene Tiefgarage, Bar und Business Center.

- De Keyserlei 59 | Antwerpen
  Tel. 03/2 32 14 43
  www.leonardo-hotels.com

Restaurants

Rooden Hoed €€

Antwerpens angeblich ältestes Restaurant (gegr. 1750) – mit Blick auf die Liebfrauen-Kathedrale – ist bekannt für seine Muschel- und Eisspezialitäten.

- Oude Koornmarkt 25 | Antwerpen
  Tel. 03/2 33 28 44
  www.deroodenhoed.be
  Tgl. 12–14.30, 18–22.30 Uhr

TakeTwo €–€€

Schick gestyltes Lokal im Kinokomplex Metropolis, interessante Fusion-Küche.

- Groenendaallaan 408
  Tel. 03/5 42 33 85 | Antwerpen
  www.taketwo.be
  Tgl. 10–23 Uhr

Lombardia Natural Food €

Fröhlich buntes Lokal mit leckeren Bio-Broodjes, Salaten und vielen vegetarischen Gerichten.

- Lombardenvest 78 | Antwerpen
  Tel. 03/2 33 68 19 | www.lombardia.be
  Mo–Sa 8–18 Uhr

Der Grote Markt von Mechelen

Mechelen 2 [G3]

Die Stadt (82 500 Einw.) an der Dijle, seit Mitte des 16. Jhs. Sitz des belgischen Erzbistums, erlebte ihre Blütezeit unter der Statthalterin Karls V., Margarete von Österreich. An ihrem Hof verkehrten Erasmus von Rotterdam, Thomas Morus und Albrecht Dürer. 1572 brannten die Spanier die Stadt nieder.

Mittelpunkt ist der **Grote Markt** mit der Statue der Margarete von Österreich vor der markanten Fassade des **Rathauses.** Das gotische Palais, dessen fein gegliederte Fassade erst im 19. Jh. nach alten Plänen fertiggestellt wurde, und die massive einstige Tuchhalle vervollständigen das Ensemble.

Der 97 m hohe Turm der gotischen **St-Romboutskathedraal** wurde um 1400 als höchstes Wahrzeichen der Christenheit geplant (167 m), doch endeten die Bauarbeiten vorzeitig. Im weitgehend barocken Innenraum mit sieben Chorkapellen verdient eine Darstellung der »Kreuzigung« von Antonis van Dyck im rechten Querschiff besondere Beachtung. Das Glockenspiel im Turm erklingt bei kostenlosen Konzerten (Juni–Sept. Mo 20.30 Uhr).

Die Besichtigung der **St-Janskerk** lohnt insbesondere wegen Peter Paul Rubens' Hochaltartriptychon »Anbetung der Könige«. Verbliebener Rest der Stadtbefestigung ist das **Brüsseler Tor** (14. Jh.). Mechelen ist ein Zentrum der Glockenspielkunst und besitzt die einzige **Glockenspielerschule** des Landes. Im Hof van Busleyden steht ein Spiel mit 49 Glocken, auf dem regelmäßig Konzerte gegeben werden.

Und in der Nonnenstraat findet man den mittelalterlichen ! Kleinen Beginenhof und den barocken Großen Beginenhof.

Info

Toerisme Mechelen

- Hallestraat 2–6
  2800 Mechelen | Tel. 070/22 00 08
  www.tourismusmechelen.be

Hotels

NH Mechelen €€

Stilvoll eingerichtetes Hotel (43 Zi.) im Altstadtzentrum, mit Restaurant.

- Korenmarkt 24 | Mechelen
  Tel. 015/42 03 03 | www.nh-hotels.com

Refuge Lindenhof €

Mitten in der Altstadt liegt dieses Renaissancehaus mit Garten.

- Marterstraat 1 | Mechelen
  Tel. 015/27 14 77
  www.refugelindenhof.be

Restaurants

Brasserie Het Anker €€
Unbedingt das berühmte dunkle Bier Gouden Carolus probieren!
- Guido Gezellelaan 49 | Mechelen
  Tel. 015/28 71 41
  www.hetanker.be

Graspoort €€
Knackfrische Meeresfrüchte und asiatisch inspirierte vegetarische Küche, aber auch Fleischgerichte.
- Begijnenstraat 28 | Mechelen
  Tel. 015/21 97 10
  www.graspoort.be
  Di–Sa 18–22 Uhr

Lier 3 [G3]

Als »die hübscheste Stadt Belgiens« beschrieb der Schriftsteller Felix Timmermans (1866–1947) seinen Geburtsort (33 300 Einw.) an der Nete. Am **Grote Markt** mit seinen Zunfthäusern wird die elegante Rokokofassade des Rathauses vom gotischen **Belfried,** dem Rest der Tuchhalle, überragt. In der spätgotischen **St-Gommaruskerk** mit ihrem mächtigen viereckigen Turm mit Glockenspiel sind die Apostelfiguren an den Rundpfeilern, der dreibogige Lettner im Flamboyantstil und die Fenster sehenswert.

Gegenüber steht das älteste Bauwerk der Stadt, die frühromanische **St-Pieters-Kapelle.** Am anderen Flussufer fällt der Blick auf den Zimmerturm (Zimmertoren) mit der astronomischen Uhr. In diesem Turm, einst Teil der mittelalterlichen Stadtbefestigung, wurde ein Museum mit Werkstücken des Uhrmachers Ludwig Zimmer (1888–1970) eingerichtet (Zimmerplein 18, Di–So 9–12, 13.30–17.30 Uhr).

Der ! älteste Beginenhof Flanderns wird von einem schönen Barockportal abgeschlossen.

Herentals 4 [H3]

Das nette Provinzstädtchen (27 500 Einw.) 15 km nordöstlich von Lier beeindruckt mit zwei Stadttoren (14. Jh.) und der gotischen **St-Waldetrudiskerk** mit viereckigem Turm und romanischem Taufbecken. Der Beginenhof wurde während der Religionskriege zerstört; seine wieder errichteten Häuschen stehen im Schatten einer kleinen gotischen Kirche.

Leuven 5 [G/H4]

Leuven (98 000 Einw.) zählt sich mit Fug und Recht zu den bedeutendsten flämischen Kunststädten. Die 1425 gegründete Universität ist die älteste Belgiens. Im Mittelalter machte der Tuchhandel viele Leuvener Bürger reich. Nach einem fehlgeschlagenen Aufstand der Zünfte gegen die Aristokraten im Jahr 1378 verließen die meisten Weber Leuven. Mit ihnen verschwand auch der Wohlstand aus der Stadt. Erst die Gründung der Universität brachte der Stadt neuen Aufschwung. Erasmus von Rotterdam gründete hier sein Kolleg für Hebräisch, Griechisch und Latein.

Das 1439–1469 errichtete spätgotische **Stadhuis** 6 am Grote Markt ist ein atemberaubendes Schmuckstück gotischer Architektur: filigrane Bögen türmen sich über drei Stockwerke. In den Nischen stehen 236 Statuen von Heiligen, Königen, Gelehrten und Dichtern. Vier Fensterreihen mit hochgezogenen Spitzdächern lockern das Schieferdach auf; die Schmalseiten schließen mit eleganten Türmen und einem Spitztürmchen auf dem Dachfirst ab. Im Inneren sind u.a. Werke des Bildhauers Constantin Meunier (1831 bis 1905) zu sehen.

Gegenüber erhebt sich die in Brabanter Spätgotik erbaute **Sint-Pieterskerk.** Der Innenraum besticht durch seine klare Linienführung. Den Chorraum grenzt ein dreibogiger Lettner ab, die üppige Barockkanzel schmücken Szenen aus dem Leben des hl. Norbert und die Verleumdung Petri. Die **Schatzkammer** besitzt prächtige Altartafeln von Dirk Bouts (Mo–Fr 10 bis 17, Sa 10–16.30, So 14–17 Uhr, 15. Okt.–15. März Mo geschl.).

Rund um die Naamsestraat haben sich noch einige historische Gebäude des Kollegs und der Universität erhalten. Die **Universitätshalle,** im 14. Jh. als Tuchhalle erbaut, wurde 1914 zerstört und nach alten Plänen wieder aufgebaut; das Papstkolleg (18. Jh.) wurde von Papst Hadrian VI. gegründet. Ebenfalls an der Naamsestraat prunkt die **Sint-Michielskerk** mit einer flämischen Barockfassade.

Der **Große Beginenhof** an der Dijle, ! der zum UNESCO-Weltkulturerbe gehört, entstand im 13. Jh.; ein Großteil der Gebäude stammt jedoch aus dem 17. Jh. Heute befindet sich darin das sicherlich schönste Studentenwohnheim der Welt.

Leuven ist Stammsitz der bekannten Traditionsbrauerei **Stella Artois** (18. Jh.). Nach Voranmeldung unter www.breweryvisits.be kann man sie besuchen.

Im Juli findet jeden Freitagabend »Beleuvenissen« statt, ein kostenloses Musikfestival in der Innenstadt, und Mitte August das Open-Air-Festival »Marktrock« u.a. auf dem Oude Markt.

Jeden Samstag wird auf dem Mathieu de Laeyensplein und der Mechelsestraat ein bunter Flohmarkt abgehalten (8–18 Uhr).

Info

Tourismus Leuwen

- Naamsestraat 1 | 3000 Leuven
  Tel. 016/20 30 20
  www.leuven.be

Hotels

Binnenhof €€€

60 moderne Zimmer in Pastellfarben; Dachterrasse.

- Maria-Theresiastraat 65 | Leuven
  Tel. 016/20 55 92
  www.hotelbinnenhof.be

Theater Hotel €€–€€€

21 modern-schlichte Komfortzimmer mit kostenlosem Internetzugang. Schöner Frühstücksraum.

- Bondgenotenlaan 20 | Leuven
  Tel. 016/22 28 19
  www.theaterhotel.be

Gasthof de Pastorij €€

Charmantes und komfortables B & B in einer ruhigen zentrumsnahen Straße.

Das Rathaus von Leuven gilt als eines der schönsten Bauwerke der Spätgotik

- Sint-Michielsstraat 5 | Leuven
  Tel. 016/82 21 09
  www.depastorij.be

Restaurant

Brasserie De Wiering €€
Uriges Café-Restaurant mit Dachterrasse; große Speisenauswahl, 70 Biersorten.

- Wieringstraat 2 | Leuven
  Tel. 016/29 15 45
  www.dewiering.be
  Tgl. 11.30–23 Uhr

Tienen 6 [H5]

Tienen (33 000 Einw.) im Ackerland des Haspengaus gilt als Zentrum der Zuckerproduktion. Direkt am Grote Markt steht die gotische **Onze-Lieve-Vrouw-ten-Poelkerk,** die aber bis auf den Chor, das Querschiff und den eleganten Turm nie vollendet wurde. Das **Museum Het Toreke** im einstigen Gefängnis (16. Jh.) zeigt Keramik- und Goldschmiedearbeiten (Di–So 10–17 Uhr). Am **Wolmarkt** verdienen die Renaissancehäuser (Nr. 19 und 21) Beachtung. In der **St-Germanuskerk** nahe dem Veemarkt sind Glockenspielkonzerte zu hören (Sept.–Juni So 11.15 bis 12.15 Uhr, Juli und Aug. jeden Mi Abend besondere Konzerte). Der gotische Chor und das Kirchenschiff entstanden bereits im 14./15. Jh.

Diest 7 [H4]

Das hübsche Städtchen (23 400 Einw.) versteckt sich hinter seiner teilweise erhaltenen Stadtmauer an der Flussschleife der Demer. Zentrum ist der **Grote Markt** mit dem gotischen **Rathaus.** In den Gewölben des Untergeschosses zeigt das **Museum De Hofstadt** Rüstungen und Kunstwerke aus dem 15./16. Jh., Sudkessel und Gerätschaften einer alten Brauerei sowie reich verzierte Zunftketten (Mai–Sept. tgl. 10–12, 13–17 Uhr, sonst Mo, Fei geschl.).

Hübsches Detail am Barockportal des Beginenhofs in Diest

Beherrschendes Bauwerk der Stadt ist die **Sint-Sulpitiuskerk** aus dem 14. bis 16. Jh., deren Turm unvollendet geblieben ist. Im Vierungsturm, der auch liebevoll Mosterdpot, Senftopf, genannt wird, befindet sich ein Glockenspiel.

Durch ein großes Barockportal betritt man den im 13. Jh. gegründeten **Beginenhof** in der gleichnamigen Straße. **!** Den schönsten Blick auf das Bauensemble genießt man von der Leopoldvest. Folgt man dieser Straße weiter, ergibt sich eine hübsche Aussicht auf den Stadtpark Warade und die Windmühle **Lindenmolen** (18. Jh.; jeden ersten So im Monat zugänglich).

Kloster-Ausflug

Ein kleiner, frommer Ausflug (insges. knapp 25 km) führt von Diest zunächst westwärts zur Abtei von **Scherpenheuvel** [H4], dem Zentrum der belgischen Marienverehrung, wo jeweils an Allerheiligen eine Kerzenprozession stattfindet. Die barocke Wallfahrtskirche (1609–1627, seit 1922 Basilika) wird von einer gewaltigen Metallkuppel bekrönt.

Nordwestlich von Diest besucht man die Barockkirche der **Prämonstratenserabtei Averbode** [H3] und anschließend die **Abtei Tongerlo** [H3] in Westerloo, ebenfalls ein Prämonstratenserkloster. Es hütet eine Kopie des »Letzten Abendmahls« von Leonardo da Vinci, die schönste und älteste Replik dieses Kunstwerks. Die Abtei erwarb das Werk 1545 (Mai–Sept. 14–17 Uhr)!

Hasselt 8 [J4]

Die Hauptstadt (75 000 Einw.) der Provinz Limburg ist als Jenever-Metropole bekannt. Im **Nationalen Jenevermuseum** lässt sich die Geschichte des Kornbranntweins mit Wacholderaroma mit allen Sinnen erleben (Witte Nonnenstraat 19, April–Okt. Di–So 10–17, sonst Di bis Fr 10–17, Sa, So 13–17 Uhr, www.jenevermuseum.be). Ihr Lieblingsgetränk feiern die Hasselter jedes Jahr ein Wochenende lang.

Am Grote Markt steht eine Reihe prächtiger Fachwerkhäuser aus dem 16. Jh. und ganz in der Nähe die gotische **St-Quintinuskathedraal** mit ihrem gedrungenen Turm (13. Jh.).

In der nahen **Virga-Jessebasiliek** (18. Jh.) verdienen die Marmorskulpturen und der Hauptaltar (17./18. Jh.) sowie die Madonnenfigur im Chor Beachtung. Die Madonna wird alle sieben Jahre (das nächste Mal im Aug. 2017) bei einer Prozession durch die Stadt getragen.

Gemeinsam mit Experten aus der japanischen Partnerstadt Itami ließen die Hasseler Stadtväter im **Kapermaolenpark** den größten Japanischen Garten Europas anlegen (April–Okt. Di–Fr 10–17, Sa, So 14–18 Uhr).

Info

Toerisme Hasselt

- Maastrichterstraat 59 | 3500 Hasselt
  Tel. 011/23 95 40 | www.hasselt.eu

Freilichtmuseum Bokrijk 9 [K4]

Wenige Kilometer nordöstlich von Hasselt lockt das große Freilichtmuseum › **S. 28** mit drei unterschiedlichen rekonstruierten Dörfern und Höfen sowie Mühlen, Werkstätten, Scheunen, Wanderwegen und einem kleinen Tierpark (April–Sept. tgl. 10–18 Uhr, Winterprogramme, für Kinder unter 6 Jahren Eintritt frei, www.bokrijk.be).

Nationalpark Hoge Kempen 10 ★ [K3]

Nördlich der Autobahn E 39 schützt seit 2006 der erste und einzige Nationalpark Belgiens rund 5700 ha Tannenwälder und Heideflächen. Teiche und Hügel bilden ein Schutzgebiet für seltene Fauna und Flora, das zu herrlichen Wanderungen und Radtouren durch Wälder und Moorlandschaften einlädt (www.nationaalpark.be). Zugänge u.a. bei As, Zutendaal, Lanaken und Genk.

Sint-Truiden 11 [J4]

Drei Türme prägen Sint-Truiden (40 300 Einw.): der romanische Glockenturm der ehemals mächtigen **Benediktinerabtei,** der gotische Turm der **Liebfrauenkirche** und der **Belfried** (17. Jh.; Glockenspiel). Die Ausmaße der Sakralbauten lassen die einstige Bedeutung der Benediktinerabtei in diesem Gebiet erkennen.

Etwa 15 Gehminuten vom Grote Markt mit seinen hübschen Giebelhäusern liegt im Stadtteil Schurhoven der **Beginenhof.** Die Kirche und das Museum (April–Okt. Di–Fr 10–12.30, 13.30–17, Sa, So, Fei 14 bis 17 Uhr, gratis) sind ! Schatzkästchen sakraler Kunst mit gotischen Wandmalereien. Sehenswert ist die astronomische Uhr (1942) im Nebengebäude.

Info

Toerisme Sint-Truiden

- Grote Markt 44
  3800 Sint-Truiden
  Tel. 011/70 18 18
  www.toerisme-sint-truiden.be

Freilichtmuseum Bokrijk

Zoutleeuw 12 [J4]

Nordwestlich von Sint-Truiden schmückt sich Zoutleeuw mit der **St-Leonarduskerk** (13.–16. Jh.), der einzigen Kirche Belgiens, die von den Bilderstürmern und der Französischen Revolution verschont blieb. Beeindruckend ist das 18 m hohe Renaissance-Tabernakel (April–Sept. Di–So 14–17, Okt. nur So, sonst 1. So im Monat 15 Uhr Kirchenführung, gratis). **50 Dinge** (25) › **S. 15.**

Tongeren 13 [K5]

Neben Tournai › **S. 130** ist Tongeren (30 000 Einw.), die Hauptstadt des Haspengaus, die älteste Stadt Belgiens. Vor der **Onze-Lieve-Vrouwebasiliek** (Liebfrauenbasilika) steht auf dem Grote Markt ein Denkmal des Eburonenfürsten Ambiorix, der sich 54 v. Chr. den Legionären Cäsars entgegenstellte. Die gotische Basilika mit dem unvollendeten Fassadenturm birgt herrliche »Dinanderien« (› **S. 39**; Osterleuchter und Adlerpult, 14. Jh.) sowie einen wertvollen Kirchenschatz. Auffällig ist ein Christuskopf (11. Jh.) mit befremdlichem, fast verächtlichem Gesichtsausdruck. An die Basilika schließt sich der romanische Kreuzgang an. Teil der Stadtbefestigung aus dem 4. Jh. ist der **Römerturm.**

Etwas außerhalb, beim Bilzensteenweg, befinden sich weitere Reste römischer **Stadtmauern**. In Belgien konkurrenzlos sind die Sammlungen des **Gallo-Römischen Museums** (Di–Fr 9–17, Sa, So 10–18 Uhr, www.galloromeinsmuseum.be). Weiter südlich liegt ! der älteste Beginenhof der Provinz Limburg mit Kirche aus dem 13. Jh. und Museum.

Info

Toerisme

- Via Julianus 5 | 3700 Tongeren
  Tel. 012/80 00 70
  www.tongeren.be/Toerisme

Hotel

Hotel Ambiotel €€

Kleines Hotel (22 Zimmer) im Stadtzentrum, mit Bistro und Terrassencafé.

- Veemarkt 2 | Tongeren
  Tel. 012/26 29 50 | www.ambiotel.be

Restaurant

Magis €€–€€€

Gehobenes Lokal mit internationaler Küche in historischem Haus mit Garten.

- Hemelingenstraat 23 | Tongeren
  Tel. 012/74 34 64

Shopping

Auf dem Leopoldwall/Veemarkt und in den Eburonenhallen steigt der größte Flohmarkt Belgiens, der **Antiek- en Brocantemarkt** (jeden So 6–13 Uhr).

Ausflug nach Alden Biesen 14 [K4]

Der ehemalige Sitz des Deutschen Ritterordens liegt in Bilzen (12,5 km nördl. von Tongeren). Der aufwendig restaurierte Komplex mit einem Geschichtsmuseum lässt die einst herausragende Bedeutung des Ordens erahnen (www.alden-biesen.be, Eintritt nur für Teilbereiche: Ostern bis Okt. tgl. 9–17, sonst 10–17 Uhr).

Dendermonde 15 [F3/4]

Am Zusammenfluss von Dender und Schelde liegt Dendermonde (44 500 Einw.), das im Ersten Weltkrieg schwer zerstört wurde. Nur noch wenige historische Gebäude stehen am **Grote Markt:** das **Rathaus,** die ehemalige **Tuchhalle** und das **Fleischhaus** (heute Stadtmuseum). In der gotischen **Onze-Lieve-Vrouwekerk** mit romanischem Taufbecken hängen Gemälde des Rubens-Schülers van Dyck. Ein Blick in den **Beginenhof** (17. Jh.) – ! auch auf der Liste des Weltkulturerbes – an der Brusselsestraat lohnt sich.

Aalst 16 [E4]

Das Städtchen (82 000 Einw.) am Ufer der Dender liegt bereits in der offenen Landschaft Ostflanderns. Auf dem Grote Markt stehen das **Schepenhuis** (Schöffenhaus, 15. Jh.), ein elegantes Gebäude mit Teilen aus dem 13. Jh. und einem mächtigen **Belfried** (Glockenspiel mit 52 Glocken) sowie die **Beurs van Amsterdam** aus dem 17./18. Jh. Die hochgotische **Sint-Martinuskerk** wurde nie vollendet. Zu den Schätzen ihrer Innenausstattung zählen u.a. ein großes Rubensgemälde sowie ein Tabernakel von J. Duquesnoy d. Ä. aus schwarzem und weißem Marmor. Das **Oud-Hospitaal** unweit der Kirche bildet ein hübsches Backsteinensemble mit dem Städtischen Museum, das im ehemaligen Kreuzgang und in einer Kapelle Exponate zur Lokalgeschichte zeigt (Stedelijk Museum 't Gasthuys, Oude Vismarkt 13, Di–Fr 10–12, 13–17, Sa, So 14 bis 18 Uhr, www.aalst.be/museum).

Info

Dienst voor Toerisme

- Grote Markt | 9300 Aalst
  Tel. 0 53/73 22 70 | www.aalst.be

Hotel

Best Western Premier Keizershof €€–€€€

Modernes schnörkelloses Best-Western-Hotel mit rund 80 Zimmern (manche für Allergiker), Fitnessraum, Sauna.

- Korte Nieuwstraat 15 | Aalst
  Tel. 053/77 44 11
  www.keizershof-hotel.com

In Alden Biesen kann man eintauchen in die Zeit des Deutschen Ritterordens

OST- UND WEST-FLANDERN

Kleine Inspiration

- **Seine Aufwartung** dem anderen »Manneken Pis« in Geraardsbergen machen › S. 117
- **Sich dem Kaufrausch hingeben** auf dem Flohmarkt Zandfeesten in Brügge › S. 107
- **Eine Grachtenfahrt** durch Brügge unternehmen › S. 107
- **In der Markthalle von Gent** köstliche Leckereien der Region einkaufen › S. 104
- **Die herrlichen Giebelhäuser** in Gent bestaunen › S. 104

Mit prächtigsten Rathäusern, schmucken Plätzen sowie atemberaubenden Architekturensembles prunken Flanderns ehemaligen Weltstädte. Für Badespaß und Erholung sorgen die langen Nordseestrände.

Flandern, das brettebene Land, ist ein historisches Schatzkästchen. Hier befanden sich einst die Zentren des Welthandels: Gent und Brügge. Diese beiden Städte waren immens reich und mächtig, was man ihnen bis heute ansieht mit ihren herrlichen Kirchen, prächtigen Rathäusern, hoch aufragenden Belfrieden, stattlichen Zunfthallen und üppig geschmückten Bürgerhäusern. In Brügge hat sich die ganze Pracht wie unter einer Glasglocke erhalten, denn nach der Versandung des Hafens verfiel die einstige Weltstadt in einen Dornröschenschlaf, aus dem sie erst die Touristenscharen des 20. Jhs. weckten. Die von Grachten durchzogene Altstadt gilt als großartiges Beispiel spätmittelalterlichen Städtebaus und ist Weltkulturerbe.

Gent hütet zwar ebenfalls bedeutende Kunstschätze, doch außerhalb des mittelalterlichen Stadtkerns ist es mit der Zeit gegangen. Gent liegt inmitten des größten belgischen Obst-, Gemüse- und Blumenanbaugebiets und ist der wichtigste Umschlagplatz für diese Produkte. Am Zusammenfluss von Schelde und Leie gelegen, besitzt es den zweitgrößten Hafen des Landes. Als Universitätsstadt hat es eine höchst lebendige Kneipenszene.

Giebelhäuser am Grote Markt von Brügge

Der Reichtum beider Metropolen strahlte auch in die kleineren Städte aus und hinterließ dort häufig hochkarätige architektonische und künstlerische Zeugnisse. Oudenaarde, Ieper und Kortrijk etwa lohnen jeden Umweg, auch Geraardsbergen, Ronse und Veurne haben allerlei Sehenswertes zu bieten.

Nicht nur Kunstliebhaber kommen in Flandern auf ihre Kosten. Tourenradler und Wanderer finden an der hügeligen Landschaft der Flämischen Ardennen Vergnügen. Wer es gemütlicher schätzt, kann im platten Land Westflanderns durch idyllische Dörfer rollen und muss nur den Gegenwind scheuen.

Und dann die Nordseeküste: Auf 67 km reiht sich ein Badeort an den nächsten. Ein breiter Sandstrand, angenehme Temperaturen, unzählige Hotels, Pensionen, Campingplätze, Restaurants und Strandcafés, ein großes Freizeit- und Unterhaltungsangebot sowie ein Netz von Wanderwegen im breiten Dünengürtel bieten Erholung für jedermann. Quirlige Städtchen mit Hotelburgen wie Blankenberge und Middelkerke wechseln sich ab mit ruhigen Ferienorten mit hübschen Villen wie Bredene, De Haan und Wenduine. Schwimmen und Surfen sind nicht die einzigen Vergnügungen hier: De Panne ist das Paradies der Kitesurfer und Strandsegler.

Touren in der Region

Tour 8 Die Künstlerkolonie Leiestreek

Route: **Gent › Sint-Martens-Latem › Deurle › Deinze › Gent**

Karte: Seite 102
Dauer: 1 Tag
Praktische Hinweise:

- Ausflugsboote ab Gent, Info über Zeiten und Preise bei: Benelux Rederij NV Recollettenlei 32, 9000 Gent Tel. 09/2 25 15 05 www.benelux-rederij.com (nur Flämisch).
- Die Fahrt kann aber auch mit dem Auto gemacht werden. VVV & Toerisme Leiestreek, Emiel Clausplein 4 9800 Deinze, Tel. 09/3 80 46 01 www.vvvleiestreek.be

Tour-Start:

Südlich von **Gent** 1 › **S. 103** wurde um die Wende zum 20. Jh. der belgische Expressionismus erfunden. Die Maler verließen ihre Ateliers und malten fortan in der zauberhaften Flusslandschaft der Leie. Die Künstlerkolonie um den Bildhauer George Minne (1866–1941) und den Maler Constant Permeke (1886–1952) ließ sich in Sint-Martens-Latem nieder. Der Zauber der »Leiestreek« lässt sich am besten vom Wasser aus erkunden.

Die Rundfahrt auf der Leie beginnt in Gent und lässt in Sint-Martens-Latem genügend Zeit für einen Besuch des Museums Gevaert-Minne (April–Sept. Di–So 14–18, sonst bis 17 Uhr), oder eine Fahrt ins benachbarte Deurle, wo drei einschlägige Museen zu besichtigen sind. In Deinze lohnt das Museum van Deinze en de Leiestreek (L. Matthyslaan 3–5, www.museumdeinze.be, Di–Fr 14–17.30, Sa, So 10–12, 14–17 Uhr) einen Besuch.

Nicht zu vergessen schließlich Schloss Ooidonk, das Kenner an ein prächtiges Loire-Schloss erinnert (Ooidonkdreef, 9, 9800 Bachte-Maria-Leerne, Deinze, Tel. 09/2 82 35 70, www.ooidonk.be, April–15. Sept. So, Fei 14–17.30, Juli, Aug. auch Sa 14 bis 17.30 Uhr, Park Di–So geöffnet).

Tour 9 Radtour von Brügge nach Blankenberge

Route: **Brügge › Damme › Ter Doest › Lissewege › Blankenberge › Wenduine › De Haan › Oostende › Oudenburg › Jabbeke › Brügge**

Karte: Seite 102
Dauer: 2 Tage
Praktische Hinweise:

- Fahrradverleih am Bahnhof in Brügge, Schalter 3 (»trein en fiets«), 9,50 €/Tag (ab 14 Uhr

6,50 €); viele Hotels verleihen Räder an ihre Gäste; Strecke: 105 km. Informationen über die belgische Küste finden sich unter www.dekust.be.

Tour-Start:

Erster Etappenpunkt dieser Radtour von Brügge zur Küste ist die schöne alte Stadt **Damme** 3 › **S. 114**. Über Lapscheure, Oostkerke und Dudzele erreicht man Ter Doest, wo eine gewaltige Zehntscheune aus dem 13. Jh. einst die Abgaben der Bauern an das dortige bedeutende Zisterzienserkloster aufnahm.

Nicht zu verfehlen ist das Polderdorf Lissewege: Der hohe Turm der gotischen Liebfrauenkirche erlaubt einen weiten Panoramablick über das Land. Im lebhaften Küstenort **Blankenberge** 5 › **S. 114** ist es aus mit der Ruhe der Polderlandschaft. Wem es hier zu lebhaft ist, der findet eine passende Unterkunft in Wenduine, in einer der weißen Villen von De Haan › **S. 114** oder im Familienseebad Bredene, dessen flache Strände eine mehr als 4 km lange Dünenzone säumt.

Anderntags steht ein Abstecher ins nur wenige Kilometer entfernte **Oostende** 6 › **S. 115** auf dem Programm, und wäre es nur für einen Besuch des Visserskaai und der Vistrap, wo man wunderbare Aal-, Krabben- und Matjesbrötchen erstehen kann. Über die Gemeinden Oudenburg, Ettelgem und Jabbeke führt der Rückweg dann wieder nach **Brügge** 2 › **S. 107**.

Tour 10 Durchs »Platte Land« an der Ijzer

Route: **Veurne › Diksmuide › Vladslo › Ieper › Poperinge › Veurne**

Karte: Seite 102
Dauer: 1 Tag
Praktische Hinweise:

- Die Tour unternimmt man am besten mit dem Auto. Infos auf der Webseite www.visitflanders.de/Flandern/Urlaub-im-grunen

Tour-Start:

Eine Rundfahrt durch den westlichsten Winkel Flanderns, den »Westhoek«, führt durch eine Gegend, die vom Getriebe des übrigen Landes eher abgeschirmt scheint. Das war nicht immer so: Während des Zweiten Weltkriegs tobte hier über Jahre ein erbitterter Stellungskrieg, von dem noch viele Friedhöfe zeugen. Heute vermittelt die weite Landschaft mit den zahlreichen Kanälen, den saftigen Weiden und blitzsauberen Bauernhäuschen dagegen ein idyllisches Bild des Friedens.

Von **Veurne** 7 › **S. 115**, einem freundlichen Marktflecken hinter der Küste, geht es nach Diksmuide, wo man vom Ijzerturm eine grandiose Aussicht genießt. Ein Stück weiter zieht der begehbare Rest eines Schützengrabens, der »Dodengang«, viele Besucher an.

Auf dem Deutschen Soldatenfriedhof von Vladslo befindet sich eine ergreifende Plastik der Künstlerin Käthe Kollwitz: Ihr eigener Sohn Peter liegt hier begraben. **Ieper** 8 › **S. 116** prunkt mit einer Tuchhalle – der einstige Reichtum der flandrischen Kaufleute ist hier besonders augenfällig. Bierliebhaber sollten auf keinen Fall einen Abstecher nach Poperinge verpassen. Hier dreht sich nahezu alles um den Hopfen. Ein Hopfenmuseum wartet auf Besucher, es gibt ein jährliches Bierfest, mit Bier angereicherte Gerichte in den Restaurants und im Frühjahr eine ganz besondere Delikatesse: Hopfensprossen.

Touren in Ost- und Westflandern

Tour 8
Besuch in der Künstlerkolonie Leiestreek

Gent › Sint-Martens-Latem › Deurle › Deinze › Gent

Tour 9
Radtour von Brügge nach Blankenberge

Brügge › Damme › Ter Doest › Lissewege › Blankenberge › Wenduine › De Haan › Oostende › Oudenburg › Jabekke › Brügge

Tour 10
Durchs »Platte Land« an der Ijzer

Veurne › Diksmuide › Vladslo › Ieper › Poperinge › Veurne

Wichtige Adresse

Fremdenverkehrsamt Ostflandern
• Toerisme Oost-Vlaanderen
Sint-Niklaasstraat 2 | 9000 Gent
Tel. 09/2 69 26 00
www.visitflanders.de

Unterwegs in der Region

Gent 1 [D3]

Gent (249 000 Einw.) ist eine historische Kunst- und moderne Großstadt zugleich. Die reizvollsten architektonischen Zeugnisse konzentrieren sich im Stadtkern am rechten Ufer der Leie zwischen Grafenburg und der Kathedrale.

Sint-Baafskathedraal A

Mit dem Bau der dreischiffigen Kathedrale wurde im Jahre 1228 begonnen. Mitte des 14. Jhs. wurde der Chor fertiggestellt; zwei Jahrhunderte später folgten der 80 m hohe Turm, Langhaus und Querschiff. Zur grandiosen Barockausstattung des Innerens gehören eine geschnitzte Holzkanzel aus dem Jahr 1745 von Delvaux und Rubens' Bild »Eintritt des hl. Bavo ins Kloster«. Der **Kirchenschatz** ist in der Krypta ausgestellt (www.sintbaafskathedraal.be).

Mit dem 1420 bis 1432 errichteten monumentalen **Genter Altar** 7 der Brüder Hubert und Jan van Eyck birgt die Sint-Baafskathedraal ein Kunstwerk von Weltrang: Auf 3,75 mal 5,20 m (in ausgeklapptem Zustand) zeigt der Flügelaltar die »Anbetung des Lammes« sowie Christus als Weltenherrscher, begleitet von Maria und Johannes, Adam und Eva sowie einem überirdisch schönen Engelschor (Besichtigung: Mo–Sa 9.30–17, So 13 bis 17 Uhr, Restaurierung bis 2017).

Chorgesang erklingt auch auf dem Sint-Baafsplein ! beim romantischen Weihnachtsmarkt.

Belfried B

Den Turm der Kathedrale überragt der Belfried, einst Machtsymbol des Bürgertums, mit einem hübschen **Glockenspiel.** Der Drache auf der Spitze steht für die Kampfeslust der Genter. In der angeschlossenen **Lakenhal** (15. Jh.) wurden Tuche gelagert und verkauft.

Stadhuis C

Das Rathaus an der Westseite des Botermarkts wurde in der Spätgotik begonnen, gilt aber, bedingt durch die lange Bauzeit, als Glanzleistung der Renaissance (Führungen Mai bis Nov. Mo–Do 14.30 Uhr, www.gentsegidsen.be).

St-Niklaaskerk D

Im 13. Jh. erbaut, ist die eindrucksvolle Nikolauskirche mit ihrem von vier Ecktürmen flankierten Vierungsturm ein typisches Beispiel für die Scheldegotik. An der Kleinen Turkije stehen prächtige Bürgerhäuser. Der sich anschließende **Koren-**

markt wird von Straßencafés und Restaurants gesäumt, im Sommer ein geselliger Treffpunkt.

St-Michielskerk E

Erkennungszeichen des 1440 begonnenen und 1648 im Stil der Brabanter Gotik fertiggestellten Baus ist der unvollendete Turm. Im Inneren ist das Gemälde »Kreuzigung Christi« (1630) von Anthonis van Dyck sehenswert.

Koren- und Graslei F

Eine Treppe führt von der Sint-Michielsbrug zur Korenlei hinunter. Von dort aus hat man den schönsten Blick auf die Kaimauer der Graslei gegenüber. Die Reihe prachtvoller **Giebelhäuser** symbolisiert Macht und Unternehmungsgeist ihrer Erbauer. Links neben dem Postgebäude (1903) steht das **Haus der freien Binnenschiffer** im Stil der Brabanter Gotik (1531), daneben das spätbarocke **Haus der Getreidemesser** (1698). Pro Meter Höhe neigt sich die Fassade des beinahe 800 Jahre alten romanischen Getreidespeichers um einen Zentimeter aus dem Lot nach vorne. Diese Bauweise erleichterte das Hochhieven der Säcke per Kran.

! Erstklassig

Weihnachtsmärkte

- Besonders malerisch ist der Europäische Weihnachtsmarkt auf der **Grand-Place** in **Brüssel.** › **S. 52**
- Leckereien aus ganz Europa gibt es vor der Liebfrauenkirche in **Antwerpen.** › **S. 84**
- Im **Beginenhof** in **Lier** lockt festlicher Budenzauber. › **S. 91**
- Abendlicher Chorgesang empfängt die Besucher des **Genter Weihnachtsmarktes** auf dem Sint-Baafsplein. › **S. 103**

Groot Vleeshuis G

Über die Grasbrug (Schiffsanlegestelle) gelangt man zur Großen Fleischhalle, errichtet 1406–1410 und heute eine **Markthalle** mit Genter Spezialitäten, wo man Käse, Marmeladen und Schinken bekommt (Di bis So 10–18 Uhr, www.grootvleeshuis.be). In den »Penshuizekens« (Vormagenhäuschen) versorgten sich in früheren Zeiten die armen Stadtbewohner mit Innereien.

Das nahe gelegene **Designmuseum** zeigt Gestaltungskunst von Jugendstil über Art déco bis in die heutige Zeit (Jan Breydelstraat 5, Di–So 10–18 Uhr, www.designmuseumgent.be). **50 Dinge (31) › S. 16.**

Gravensteen H

Die Grafenburg aus dem 12. Jh., eine der größten Wasserburgen Europas, erlebte blutige Kämpfe zwischen den Bürgern der freien Stadt Gent und den Territorialherren. Später diente die Festung als Kerker sowie als Sitz des Gerichts (April bis Sept. 9–18, sonst 9–17 Uhr).

Patershol

Westlich der Kraanlei schließt sich das ehemalige Gerberviertel Patershol an. Heute findet man hier etliche Kunsthandwerker, Antiquitätenhändler, Restaurants und Boutiquen. In 18 flämischen Häuschen, einst Kinderhospiz, widmet sich das **Museum Huis van Alijn** (I) den Themen Film, Sprachen, (Alltags-)Kultur und Volkskunde (Di–Sa 11–17, So ab 10 Uhr).

Vrijdagmarkt (J)

Am Grootkanonplein steht die 15-Tonnen-Kanone »Dulle Griet«, Beutestück im Krieg gegen die Burgunder. Der **Vrijdagmarkt** ist die Mitte der Stadt. Seine Nordwestseite überragt das **Ons Huis,** Sitz der Sozialistischen Arbeitervereinigung.

Im Turm des **Toreken** (1460), Zunfthaus der Gerber, tagte die Abnahmekommission der Leinenweber. Stücke schlechter Qualität wurden zur Schande des Webers öffentlich ausgestellt.

Im Citadelpark (K)

Das **Museum voor Schone Kunsten** zeigt Kunst des 14. bis 20. Jhs., darunter Werke von Rubens, van Dyck, Bosch, Pourbus und Frans Hals (Di–So 10–18 Uhr, www.mskgent.be). Eine bedeutende Sammlung zeitgenössischer Kunst belgischer und internationaler Größen besitzt

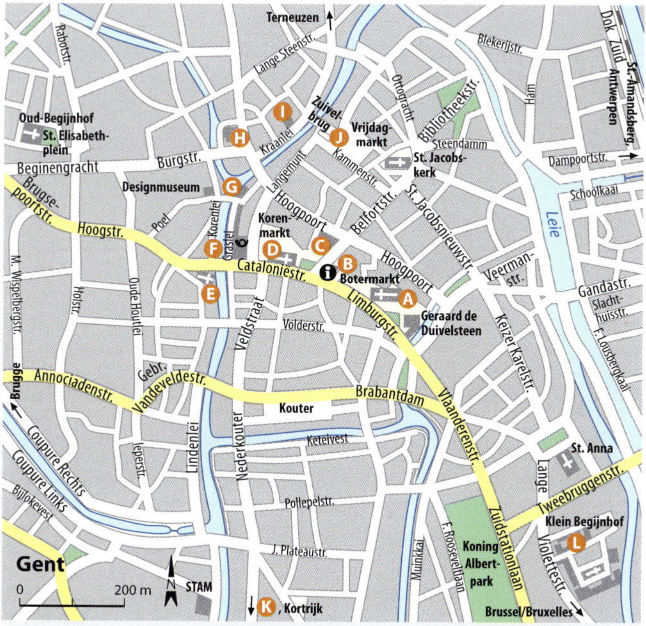

(A) Sint-Baafskathedraal
(B) Belfried
(C) Stadhuis
(D) St-Niklaaskerk
(E) St-Michielskerk
(F) Graslei
(G) Groot Vleeshuis
(H) Gravensteen
(I) Huis van Alijn
(J) Vrijdagmarkt
(K) Citadelpark
(L) Klein Begijnhof

das **S.M.A.K.**, Stedelijk Museum voor Actuele Kunst (Di–So 10 bis 18 Uhr, www.smak.be).

Beginenhöfe

Neben dem **Oud-Begijnhof** (13. Jh.) an der St-Elisabethkirche westlich des Gravensteen gibt es zwei Beginenhöfe jüngeren Datums: die barocke Anlage des **Klein Begijnhof** L (17./18. Jh.) und den Großen Beginenhof (1872) außerhalb des Zentrums in St-Amandsberg.

! Erstklassig

Die schönsten Beginenhöfe

Belgiens Beginenhöfe zählen seit 1998 zum UNESCO-Weltkulturerbe. In vielen informieren Museen über das Leben der frommen Frauen.

- **Turnhout:** Prozessionen halten hier die Tradition hoch. › **S. 82**
- **Mechelen:** Der Kleine und der Große Beginenhof sind gleichermaßen gut erhalten. › **S. 90**
- **Lier:** Der älteste und auch einer der größten Höfe des Landes. Felix Timmermans hat ihn literarisch verewigt. › **S. 91**
- **Leuven:** Der stattliche Hof ist heute Studentenwohnheim. › **S. 92**
- **Diest:** Besonders bemerkenswert: das barocke Portal. › **S. 94**
- **Sint-Truiden:** Diese Anlage besitzt eine der schönsten Beginenhofkirchen. › **S. 95**
- **Tongeren:** Hier sind viele gotische Giebelhäuschen erhalten. › **S. 96**
- **Dendermonde:** Am letzten Augustwochenende findet ein Beginenfest statt. › **S. 97**
- **Brügge:** Der berühmteste Hof hat seine Romantik bewahrt. › **S. 109**
- **Kortrijk:** Hier kann man sogar übernachten. › **S. 116**

Info

Infokantoor Visit Gent

- Oude Vismijn | Sint-Veerleplein 5
  9000 Gent | Tel. 09/2 66 56 60
  www.visitgent.be

Hotels

Ghent River Hotel €€€

Moderner Komfort in zwei historischen Gebäuden aus dem 16. und 19. Jh. direkt am Leie-Ufer.

- Waaistraat 5 | Gent | Tel. 09/2 66 10 10
  www.ghent-river-hotel.be

Chambreplus €€

Charmantes B&B hinter dem Rathaus mit thematisch eingerichteten Zimmern und Schokoladenmanufaktur.

- Hoogport 31 | Gent
  Tel. 09/2 25 37 75
  www.chambreplus.be

Erasmus €€

Stilvoll-individuell eingerichtete Zimmer in der Altstadt; mit Garten.

- Poel 25 | Gent
  Tel. 09/2 24 21 95
  www.erasmushotel.be

Restaurants

Chez Leontine €€

Gemütliches Lokal mit typisch belgischen Speisen in üppigen Portionen.

- Groentenmarkt 10 | Gent
  Tel. 09/2 25 06 80
  www.chezleontine.be
  So, Mo 12–15, Do–Sa 12–22 Uhr

Historischer Stadtkern mit Zunfthäusern am Ufer der Leie

C'est Fou €–€€
Modernes Ambiente, kreative Küche, Snacks und Vegetarisches.
- Groot-Britannielaan 51 | Gent
  Tel. 09/2 33 32 20 | www.cestfou.be
  Mo–Fr 11–14, 18.30–22, Sa 18.30 bis 23 Uhr

Nightlife

Café Vooruit
Große, angenehme Kneipe im Kulturzentrum Vooruit.
- Sint-Pietersnieuwstraat 23 | Gent
  Tel. 09/2 67 28 48 | www.vooruit.be
  Mo–Do 11.30–1, Fr, Sa 11.30–2, So 14–1 Uhr

Brügge 2 [C3]

Von den Bausünden der Neuzeit blieb Brügge (118 000 Einw.) weitgehend verschont und bewahrte sein unvergleichlich harmonisches Stadtbild, das dank des Tourismus zum wichtigsten Wirtschaftsfaktor der Stadt geworden ist.

Unbedingt zu empfehlen ist eine **Grachtenfahrt** durch die Innenstadt (Abfahrtsstellen im Zentrum; Dauer ca. 30 Min.). Ebenfalls einen Besuch wert ist der **Zandfeesten** Brügge, Flanderns größter Antiquitäten- und Flohmarkt, der Anfang Juli, Anfang Aug. und Ende Sept. auf dem Platz t'Zand stattfindet (Termine: Tel. 050/34 17 36).

Elegante Kragen, Borten und Tischdecken, von Heimarbeiterinnen handgeklöppelt, waren über Jahrhunderte ein Exportschlager aus Brügge. Im **Kantjuweeltje,** Philip Stockstraat 11, kann man täglich um 15 Uhr beim Klöppeln zuschauen.

Grote Markt A ★

Das **historische Zentrum** steht seit 2000 auf der Weltkulturerbeliste. Der **Grote Markt** ist der Brennpunkt der Stadtgeschichte. Hier steht der **Belfried,** Symbol städtischer Unabhängigkeit. Der untere Teil des 83 m hohen Turms stammt aus dem 13. Jh., die achteckige Krone wurde erst 200 Jahre später aufgesetzt. Auf Höhe der obersten Besucherterrasse hängen die 50 Glocken des stündlich erklingenden Glockenspiels. Ebenfalls im 13. Jh. entstand die gewaltige **Lakenhalle** (Tuchhalle).

Ganz in der Nähe der Poortersloge dokumentiert das nette **Museum Choco-Story** die Geschichte der Schokolade und bietet Rezepte sowie einen Shop (Wijnzakstraat 2, tgl. 10 bis 17 Uhr, www.choco-story.be).

Burgplatz B

Hier stehen einige der bedeutendsten Gebäude Brügges: Das kunstreiche **Stadhuis** (1376–1420) besitzt einen prunkvollen Ratssaal mit reich geschnitzter Holzdecke und Wandmalereien mit Motiven aus der Stadtgeschichte.

Die gotische Kirche Unser Lieben Frau

Die **Heiligbloedkapel** wurde für die Heiligblutreliquie errichtet, die der flandrische Graf Dietrich von Elsass im Jahr 1150 von einem Kreuzzug mitbrachte. Aus dieser Zeit stammt der untere, romanische Teil der Wallfahrtskirche, der obere Teil zeigt den Übergang von Spätgotik zu Renaissance. Damit ist das Gotteshaus das älteste noch existierende Bauwerk Brügges. Die jährliche Heiligblutprozession an Christi Himmelfahrt ist der bedeutendste Festtag im Stadtkalender.

Den modernen **Pavillon,** eine transparente Komposition aus Glas, Wasser und Aluminium, baute Toyo Ito, als Brügge 2002 Kulturhauptstadt war.

Huidenvettersplein C

Der Tordurchgang in der ehemaligen Stadtkanzlei mit vergoldeten Säulen führt über die Eselsbrücke (Blindenezelbrug) zum Huidenvettersplein im früheren Gerberviertel. Reliefs an der Fassade des Zunfthauses zeigen Szenen, die auf das Gerberhandwerk verweisen.

Entlang dem **Rozenhoedkaai** gelangt man zum platzartig erweiterten Kanalufer, dem Dijver, unter dessen Bäumen an Wochenenden ein bunter **Flohmarkt** abgehalten wird (Mitte März–Mitte Nov. Sa, So, Fei 10–18, Juli, Aug. zusätzlich Fr 10–18 Uhr). **50 Dinge (24) › S. 15**

Groeningemuseum D

Schöne Künste präsentiert das **Stedelijk Museum voor Schone Kunsten** in einer modernen Galerie und vor allem in seiner wertvollen Sammlung früher niederländischer Malerei, darunter Werke von Hans Memling, Jan van Eyck und Rogier van der Weyden (Dijver 12, Di–So 9.30–17 Uhr, www.vlaamsekunstcollectie.be). **50 Dinge** (22) › **S. 15.**

Gruuthusepalais E

Am Dijver erhebt sich in einem an die Grachten grenzenden Innenhof mit efeuüberwachsenen Gebäuden das Gruuthusepalais aus dem 15. Jh. In dem prächtigen Stadtpalast präsentiert das **Museum** Alltagsgegenstände aus 400 Jahren. Ein besonderes architektonisches Kleinod ist die Privatkapelle, von der die Bewohner an der Messe im Chor der benachbarten Kirche teilnehmen konnten (Dijver 17, Di–So 9.30–17 Uhr).

Onze-Lieve-Vrouwekerk F

Die gotische Hallenkirche mit dem ungewöhnlich hohen Turm (122 m) birgt in ihrem Inneren überaus bedeutende Kunstschätze. Sie besitzt mit Michelangelos **Brügger Madonna** (1503) das einzige Werk, das zu Lebzeiten des Künstlers über die Alpen gelangte. Im Chor der Kirche stehen die **Sarkophage** Marias von Burgund und ihres Vaters, Karls des Kühnen, Herzog von Burgund (1433–1477).

Sint-Jans-Spital G

Der Gebäudekomplex gilt als eines der ältesten Krankenhäuser Europas. Er wurde schon im 12. Jh. gegründet und war bis weit ins 20. Jh. in Betrieb. Renoviert und von jungen Leuten aus aller Welt belebt, ist der im 19. Jh. angefügte Bauteil nun ein Event- und Kongresszentrum.

Memling-Museum

In der Spitalkapelle hat das Museum seinen Platz. Hans Memling, ein Deutscher, kam etwa 1465 nach Brügge und war bis zu seinem Tod 1494 als Stadtmaler tätig. Wegen ihrer ausdrucksvollen und volksnahen Darstellungen erfreuten sich seine Arbeiten großer Beliebtheit. Sechs seiner Hauptwerke sind hier zu bewundern, so der **Ursula-Schrein,** der auf Miniaturgemälden die Legende der Heiligen darstellt, und das Altarwerk **Die mystische Vermählung der hl. Katharina** (Di–So 9.30–17 Uhr).

Begijnhof Ten Wijngaarde H ★ 8

Über die Wijngaardstraat geht es hinter einem barocken Tor zum Beginenhof (13. Jh.). **!** Ein Museum

SEITENBLICK

Altes Welthandelszentrum

Als Graf Balduin I. von Flandern die Stadt im 9. Jh. gründete, liefen am Zwin die Wege des Ostseehandels der deutschen Hanse, des venezianischen Orienthandels und des Wollhandels mit England zusammen. Brügge war bald neben Venedig die reichste Stadt der Welt. Die Herzöge von Burgund hielten prunkvoll Hof. Die Versandung des Zwin leitete den wirtschaftlichen Niedergang ein. Brügge fiel fast 400 Jahre in Bedeutungslosigkeit. Trotz des neuen Hafens bei Zeebrügge gelang der Anschluss an das Industriezeitalter nur zögernd.

gibt Einblick in den Alltag der Beginen › **S. 112**. Vom Schleusenhaus am Wijngaardplaats aus wird der Wasserstand der Stadtkanäle reguliert.

St-Salvatorskathedraal Ⓘ

Schießscharten zeigen, dass der im unteren Teil romanische Turm (12. Jh.) der ältesten Pfarrkirche Brügges zur Verteidigung genutzt wurde, der obere Teil dagegen wurde erst im 19. Jh. fertiggestellt. Hauptschiff und Chor sind im Stil der frühen Gotik erbaut, das Chorgestühl trägt das Wappen der Ritter vom Goldenen Vlies, die hier 1478 ihre erste Sitzung abhielten.

Hanseatisches Brügge

Das **Haus der Genuesen** Ⓙ (1399) erinnert an die internationalen Handelsbeziehungen Brügges. Auch das stolze Haus der Kaufmannsfamilie **van der Beurse** aus dem 15. Jh. steht in der Vlamingstraat (Nr. 35). Der florierende Handel und die lukrativen Geldgeschäfte, die in und vor diesem Haus getätigt wurden, brachten es mit sich, dass sich die

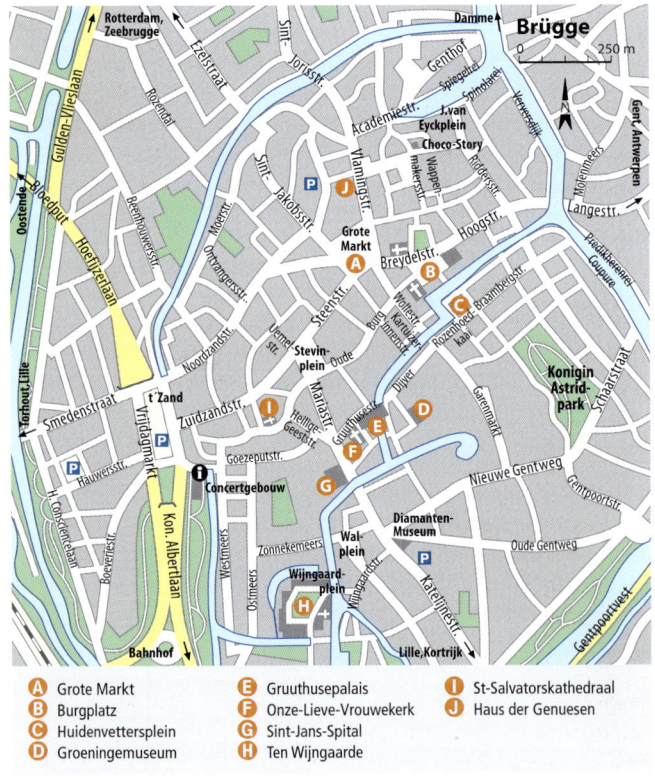

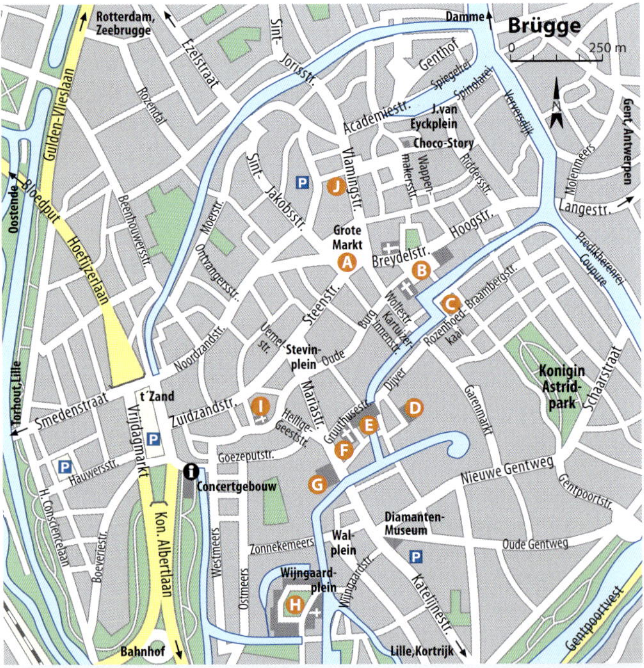

Ⓐ Grote Markt
Ⓑ Burgplatz
Ⓒ Huidenvettersplein
Ⓓ Groeningemuseum
Ⓔ Gruuthusepalais
Ⓕ Onze-Lieve-Vrouwekerk
Ⓖ Sint-Jans-Spital
Ⓗ Ten Wijngaarde
Ⓘ St-Salvatorskathedraal
Ⓙ Haus der Genuesen

Bezeichnung Börse (niederländisch »beurs« = Geldbeutel) als Synonym für solche Geschäfte einbürgerte.

Info

Toerisme Brugge

- Concertgebouw
  't Zaand 34 | 8000 Brugge
  Tel. 050/44 46 46 | www.brugge.be

Hotels

De Castillion €€€

Restauriertes Bischofspalais bei St. Salvator mit Art-déco-Salon, begrünter Terrasse und Gourmetrestaurant.

- Heilige Geeststraat 1 | Brugge
  Tel. 050/34 30 01 | www.castillion.be

Hôtel de l'Orangerie €€€

Helles, schlicht-elegantes, mit Weinlaub beranktes 20-Zimmer-Hotel; Terrasse direkt am Wasser und Kaminzimmer.

- Kartuizerinnenstraat 10 | Brugge
  Tel. 050/34 16 49
  www.hotelorangerie.be

Egmond €€

Im flämischen Stil des 18. Jhs. eingerichtetes Hotel (8 Zimmer) am Beginenhof.

- Minnewater 15 | Brugge
  Tel. 050/34 14 45 | www.egmond.be

Restaurants

De Karmeliet €€€

! Serviert wird französische Küche, drei Michelin-Sterne.

- Langestraat 19 | Brugge
  Tel. 050/33 82 59
  www.dekarmeliet.be | So, Mo geschl.

Maximilian van Oostenrijk €

Gute französisch-belgische Küche direkt am Wasser und nahe dem Beginenhof.

Das Sint-Jans-Spital beherbergt heute das Memling-Museum

- Wijngaardplein 16 | Brugge
  Tel. 050/33 47 23
  www.maximiliaanvanoostenrijk.be
  Mi geschl.

An der Küste

Damme 3 [C2]

Als der Zwin anfing zu versanden, wurde die Stadt zum Außenhafen für Brügge. Das gotische **Rathaus** am Marktplatz und die **Onze-Lieve-Vrouwekerk** (13. Jh.) legen davon Zeugnis ab. Sehenswert ist das **Uilenspiegelmuseum** im Besucherzentrum. Till Eulenspiegel, Held im Kampf gegen die Spanier, ist der Legende nach in Damme geboren.

SPECIAL

Stille Welt der frommen Frauen

Ab dem Ende des 12. Jhs. entwickelte sich in den katholischen Regionen der Niederen Lande diese spezielle Form der Wohn- und Lebensgemeinschaften.

Drohte die Heirat mit einem ungeliebten Mann, reichte der Familienbesitz nicht für die Mitgift oder war der Ehemann schon früh verstorben, gab es für Frauen im Mittelalter eine Alternative: Kloster oder Beginenhof. Im Gegensatz zu den Nonnen legten die gläubigen und keusch lebenden Beginen jedoch kein Armutsgelübde ab, wählten ihre Grande Dame demokratisch und konnten jederzeit wieder austreten. So viel weibliche Selbstständigkeit war der katholischen Kirche natürlich ein Dorn im Auge. Deshalb wurden die Beginen oft als Ketzerinnen diffamiert. Heute gibt es nur noch wenige Beginen, die meisten Wohnhöfe wurden zu Altersheimen umfunktioniert. Im Großen Beginenhof von Leuven wohnen Professoren und Studenten – die Beginenhöfe sind beliebte Wohnadressen.

Ten Wijngaarde – fürstlicher Hof in Brügge

Pappeln rauschen leise im Wind vor den weißen Häusern jenseits der Dijverbrücke. Vor den Sprossenfenstern drängen sich neugierige Besucher, um einen Blick auf die Benediktinerinnen zu werfen, die ihren täglichen Aufgaben nachgehen. *Ora et labora* – bete und arbeite –, die Ordensregel des hl. Benedikt, bestimmt seit 1930, nach dem Tod der letzten Begine, den Tagesablauf in Ten Wijngaarde (Zum Weingarten).

Den berühmtesten Beginenhof Belgiens › **S. 110** stiftete die flandrische Gräfin Johanna von Konstantinopel im 13. Jh. Die Bauten stammen aus dem 17. Jh.

- **Ten Wijngaarde** [C3]
  Tgl. 6.30–18 Uhr, Eintritt frei

 Die romantischen Beginenhöfe sind heute gefragte Wohnadressen

Stift von Lier

Ein ganzes Viertel mit malerischen Gassen und idyllischen Hausgärten umfasst dieses große Stift › S. 91. Hinter dem schmucken Barockportal liegen 150 Wohnungen. Die Häuser tragen so fantasievolle Namen wie Weinberg des Herrn oder Stall von Bethlehem. Zauberhaft ist die Stimmung an einem spätsommerlichen Nachmittag, wenn die letzten Sonnenstrahlen die Fassaden in ein warmes Rotgelb tauchen und sich so manche Katze auf dem Fensterbrett räkelt.

- **Begijnhof** [G3]
  Zimmerplein
  2500 Lier

Hof der Stille

Nicht immer verlief das Leben der frommen Frauen ohne Spannungen mit der Obrigkeit. In der Tuchmacherstadt Dendermonde › S. 97 ist verbürgt, dass einige Beginen im Hof der Stille ihrer Anlage mit so viel Enthusiasmus Schlagball spielten, dass diese sportliche Betätigung im 16. Jh. von Fürst Philipp dem Guten von Burgund kurzerhand verboten wurde. Heute ist der etwas versteckt liegende Beginenhof Alexius ein Ort der Besinnung in der flandrischen Stadt.

- **Beginenhof Alexius** [F3/4]
  Brusselstraat
  9200 Dendermonde

Bürgerinitiative Het Convent

Um den 1380 gegründeten Beginenhof von Hoogstraaten – südlich von Breda an der A1, Ausfahrt Leonhout gelegen – vor dem Verfall bzw. vor dem Abriss durch Bauspekulanten zu retten, griffen die Bewohner 1991 selbst zur Maurerkelle. Inzwischen haben sie ihre insgesamt 37 Häuschen liebevoll restauriert und erhielten dafür mehrere Denkmalschutzpreise.

- **Het Convent** [G1]
  Begijnhof 40
  2320 Hoogstraten
  www.hetconvent.be
- **Toerisme Hoogstraten** [G1]
  Tel. 03/3 40 19 55

Die beiden gleichnamigen Sachbücher **Die Beginen,** das eine von Gertrud Hofmann und Werner Krebber (Topos plus, 2008), das andere von Helga Unger (Herder, 2005, zzt. nur antiquarisch), bieten fundierte Informationen zu der mittelalterlichen Frauenbewegung.

Der idyllische Beginenhof von Kortrijk

Knokke-Heist 4 [C2]

In dem mondänen Seebad (34 000 Einw.) lohnen vor allem das Villenviertel **Het Zoute** und das von Magritte ausgemalte **Kasino** einen Besuch. Auf der verlandeten Mündung des Zwin östlich von Knokke liegt das Vogelschutzgebiet **Het Zwin** (125 ha), in dem sich zu allen Jahreszeiten Tausende von Vögeln aufhalten. Besonders eindrucksvoll ist der Park, wenn die Zugvögel hier Station machen (Di–So 9–16 Uhr, www.zwin.be). **50 Dinge** ④ › **S. 12.**

Info

Tourismus Knokke-Heist

- Zeedijk-Knokke 660
  8300 Knokke-Heist | Tel. 050/63 03 80
  www.knokke-heist.info

Hotels

Des Nations €€€

6 geschmackvoll-schlicht eingerichtete Zimmer und Suiten in einem nüchternen Bau an der Promenade.

- Zeedijk Zoute 704
  Knokke-Heist
  Tel. 050/61 99 11
  www.hoteldesnations.be

Memlinc Palace €€€

Größeres Meerblickhotel von 1923 in englisch-normannischem Stil.

- Albertplein 23 | Knokke-Heist
  Tel. 050/60 11 34 | www.memlinc.be

Badeorte bis Oostende

Zwischen Knokke und Oostende reiht sich ein Badeort an den anderen: **Blankenberge** 5 [C2] hat ein reges Zentrum mit winzigem Rathaus, einen Jachthafen, dessen Treiben man von den überdachten Sitzplätzen des »Paravang« aus bestens verfolgen kann, und eine trubelige Strandpromenade mit Pier und Pavillon.

Als Familienbad geschätzt wird **Wenduine** [B2], das anmutige **De Haan** [B2] entfaltet mit seinen Strandhotels und Villen im Stil der Belle Époque nostalgischen Charme.

Hotels

Grand Hôtel Belle Vue €€

Anglonormannischer Stil, mit Bistro.

- Koninklijk plein 5
  8420 De Haan
  Tel. 059/23 34 39
  www.hotelbellevue.be

SEITENBLICK

Eine Fahrt mit der Küstentram 9

Belgien ist das einzige Land, in dem man mit der Straßenbahn die gesamte Küste abfahren kann. 70 Haltestellen sorgen dafür, dass man überall aussteigen kann, wo es interessant ist. Empfohlene Stationen sind **Knokke** 4 › **S. 114** mit seinem berühmten Kasino im Art-déco-Stil, **De Haan,** das ganz im Stil der Belle Époque gehalten ist, **Oostende** 6 › **S. 115,** wo nicht nur der Dreimaster »Mercator« seemännisches Flair versprüht, **Nieuwpoort** mit seiner Arbeitsatmosphäre und schließlich **De Panne,** das sich der breitesten Strände rühmen kann. Nonstop dauert die Fahrt etwa zweieinhalb Stunden (alle 15 Min., Tageskarte 5 €, www.dekusttram.be).

Canteklaar €
Romantische Villa im Ortszentrum.
- Leopoldlaan 4 | De Haan
  Tel. 059/27 99 45
  www.hotel-canteklaar.be

Oostende 6 [B3]

Oostende (70 600 Einw.) besitzt einen Fischerei-, Passagier- und Handelshafen. Am **Visserskaai** mit vielen Lokalen und Fischständen sind das **Nordsee-Aquarium**, der alte **Islandfahrer Amandine** › **S. 27** und der **Dreimaster Mercator** (beide Museumsschiffe) zu besichtigen. Der bekannte Künstler James S. Ensor (1860–1949) wohnte im **James-Ensor-Haus** (Museum, Vlaanderenstraat, Mi–Mo 10–12, 14–17 Uhr).

Info

Toerisme Oostende
- Monacoplein 2 | 8400 Oostende
  Tel. 059/70 11 99
  www.visitoostende.be

Hotels

Europe €€
Ruhige Lage im Zentrum, Restaurant. Strand in nächster Nähe.
- Kapucijnenstraat 52 | Oostende
  Tel. 059/70 10 12 | www.europehotel.be

Pacific €€
Komfortables Hotel, ruhig, Bar und Sauna.
- Hofstraat 11 | Oostende
  Tel. 059/70 15 07 | www.hotelpacific.be

Restaurant

De Mosselbeurs €€
Der Tip für Muchelliebhaber: Mehr als ein Dutzend Muschelgerichte, aber auch Fisch und Fleisch. **50 Dinge** ⑰ › **S. 14.**
- Dwarsstraat 10 | Oostende
  Tel. 059/80 73 10
  www.demosselbeurs.be
  Mi–So 12–14, 18–22 Uhr

Veurne 7 [A4]

Veurne (11 500 Einw.) ist einer der hübschesten Orte Flanderns. Verspielt wirkt der **Grote Markt** mit den zweistöckigen Giebelhäusern im flämischen Renaissancestil. Doppelgiebelfront, Treppenturm und Loggia kennzeichnen das **Stadhuis**.

An der Ecke Grote Markt/Ooststraat ragt der **Spanische Pavillon** auf, ein festungsartiger Bau, der im 17. Jh. den Besatzern als Stabsquartier diente. Die **Alte Fleischhalle**

Schmucke Hotels locken in De Haan

wird heute als Stadtbibliothek genutzt. Das **Haus der Stadtwache** lockert den Platz mit seinen hübschen Arkaden auf. Das Ensemble wird beherrscht von dem Backsteinturm (13. Jh.) der **St-Niklaaskerk** am Appelmarkt. Die **St-Walburgakerk** hinter dem Rathaus blieb unvollendet. Ihr Portalbau steht als Symbol des Scheiterns nutzlos einige Meter seitab. Hier beginnt am letzten Sonntag im Juli die eindrucksvolle Büßerprozession.

Info

Dienst voor Toerisme

- Grote Markt 29 | 8630 Veurne
  Tel. 058/33 55 31 | www.veurne.be

Ieper 8 [B5]

Im späten Mittelalter war Ieper (Ypern; heute 35 000 Einw.) eine bedeutende Stadt. Im Ersten Weltkrieg fast völlig zerstört, wurde sie anschließend nach Originalplänen wieder aufgebaut.

Am Grote Markt beeindruckt die 132 m lange, vom **Belfried** (70 m) überragte frühgotische Sandsteinfassade der **Tuchhalle**. Hier wurde das **Museum In Flanders Field** eingerichtet, dessen permanente Ausstellung in einer 2012 völlig neu konzipierten Szenografie die Schrecken des Ersten Weltkriegs plastisch vor Augen führt (April–15. Nov. tgl. 10–18, sonst Di–So 10–17 Uhr, www.inflandersfields.be).

Zur Rechten der Tuchhalle bleibt der Blick am Rathaus mit der eleganten Renaissancefassade, dem **Nieuwerk** (17. Jh.), hängen.

Kortrijk 9 [C5]

Die lebhafte Industriestadt an der Leie (73 600 Einw.) datiert aus römischer Zeit. Im Mittelalter brachten Damastwebereien Wohlstand. Den Grote Markt im Zentrum überragen der gotische **Belfried** (1300) und das gotische **Rathaus** mit zwei eleganten Renaissancekaminen. Ein Blickfang abseits des Markts ist die gotische **Sint-Maartenskerk** mit ihrem mächtigen Westturm. Gar nicht weit davon liegt der ! romantische Begijnhof (13. Jh.) samt kleinem Museum, das über das Leben der Beginen informiert, und etwas weiter die **Onze-Lieve-Vrouwekerk,** die hochrangige Kunstwerke birgt: die Kapelle der Grafen von Flandern mit der fein gearbeiteten Alabasterstatue der hl. Katharina und van Dycks »Kreuzaufrichtung« (1631). Die beiden **Broeltoren** an der Leie sind Reste der burgundischen Befestigung.

Info

Dienst Toerisme

- Begijnhofpark | 8500 Kortrijk
  Tel. 056/27 78 40
  www.kortrijk.be/toerisme

Hotels

Messeyne €€–€€€

Elegantes Hotel in einem Stadthaus von 1662 mit sehr gutem Restaurant.

- Groeninghestraat 17 | Kortrijk
  Tel. 056/21 21 66
  www.hotelmesseyne.be

Sandton Hotel Broel €€–€€€

Elegantes Hotel am Broelturm: 70 Zimmer, Pool, Sauna, Solarium.

- Broelkaai 8 | Kortrijk | Tel. 056/21 83 51
  www.sandton.eu/nl/kortrijk

Dharma €
Charmantes B & B mit der Eleganz eines Boutique-Hotels.

- Groeningestraat 18 | Kortrijk
  Tel. 056/29 36 56
  www.bedandbreakfast-dharma.be

Restaurant

David Selen €€–€€€
Exzellente saisonale Küche, preiswerter Mittagstisch.

- Meensesteenweg 199 | Kortrijk
  Tel. 056/37 41 05
  www.davidselen.com
  Mi, Do u. So abend geschl.

Oudenaarde 10 [D5]

Grünblaue »Verduren«, Tapisserien mit Szenerien aus Oudenaarde (30 300 Einw.), waren vom 15. bis 17. Jh. europaweit begehrt. Einige Prachtexemplare hängen im Rathaus.

Das beherrschende Bauwerk des Grote Markt ist das prächtige hochgotische **Stadhuis** mit dem harmonisch in die Fassade eingefügten Belfried und dem vergoldeten Wahrzeichen der Stadt, »Hanske 't Krijgerke«, auf dem First. Den Ratssaal sollte man nicht versäumen (April bis Okt. Mo–Fr Führung 11 und 15, Sa, So, Fei 14 und 16 Uhr). An der Rückfront des Rathauses steht die ehemalige **Tuchhalle** (13. Jh.). Westlich des Grote Markt erhebt sich die spätgotische **St-Walburgakerk,** deren nie vollendeter Turm das Stadtbild prägt. Auch hier gibt es einen **Beginenhof** mit Kapelle. Am anderen Flussufer ragt die Kirche **Onze-Lieve-Vrouw-van-Pamele** auf, ein Meisterwerk der Scheldegotik.

Ein Blickfang in Ieper ist die Tuchhalle

Info

Dienst Toerisme

- Glazen Huis | Hoogstraat
  9700 Oudenaarde | Tel. 0 55/31 72 51
  www.oudenaarde.be

Geraardsbergen 11 [E5]

Das romantische Städtchen (32 700 Einw.) liegt auf einem Hügel in den »flämischen Ardennen«. Der **Oudenberg** ist am letzten Sonntag im Februar Ausgangspunkt des »Krakelingenworp«. Während des Volksfestes werden zentnerweise Kekse in die Menge geworfen. Bei Einbruch der Dunkelheit entzündet man den Tonnekenbrand, ein Feuer in Tonnen. Am **Grote Markt** sehenswert sind die Bartholomäuskirche, das Rathaus (14. Jh.), im 19. Jh. im Rokokostil renoviert, sowie die älteste Plastik des »Manneken Pis«.

DIE WALLONIE

Kleine Inspiration

- **Einen melancholischen Spaziergang** durch die Ruinen von Villers-la-Ville unternehmen › S. 124
- **Den Blick** von der Brücke auf die Kathedrale von Tournai genießen › S. 131
- **Sich verzaubern lassen** von den bunten Karnevalsmasken im Museum in Binche › S. 127
- **Erholsame Stunden** im Grünen an Belgiens größtem Stausee bei Beaumont verbringen › S. 126

Hier konkurrieren Steinzeitzeugnisse mit früher Industriekultur, Karnevalskostüme wetteifern mit kirchlicher und weltlicher Pracht. Die Seenlandschaft glänzt mit seltener Flora und Fauna.

Das südliche Belgien, zwischen Ardennen und Mons, hatte lange nicht den besten Ruf. Unter den grünen Hügeln des Hainaut (Hennegau) mit den vielen Schlössern und Herrenhäusern war schon zu Beginn des 19. Jhs. Steinkohle gefunden worden, und aus der friedlichen Landschaft wurde ein rußiges, lautes Industrierevier, das freilich auch ganz Belgien Wohlstand brachte. Ende der 1970er-Jahre geriet die Montanindustrie in eine schwere Krise, von der sie sich bis heute nicht erholt hat. Die plötzliche Armut des Südens, der nun auf staatliche Subventionen angewiesen ist, spült Wasser auf die Mühlen nationalistischer flämischer Parteien und ist ein steter Zankapfel im schwelenden belgischen Konflikt.

Touristisch aber hat die einstige schwarze Region inzwischen aufgeholt. Die Industriedenkmäler um Charleroi sind museal hergerichtet und zeigen Besuchern eine Vergangenheit, die vor wenigen Jahrzehnten noch Zukunft war. Mons und Tournai sind schöne, behagliche Provinzstädte mit viel Sinn für Kultur. Eine Reihe von Schlössern hat die Zeiten glänzend überstanden, allen voran Château Belœil, eines der prächtigsten Schlösser Belgiens.

Der südlichste Zipfel der Region ist von Wäldern und Seen geprägt, kleine Dörfer und saubere Höfe setzen ihre Akzente in dem grünen Hügelland. Wie elegant es hier auch zugehen konnte, zeigt eindrucksvoll das Kloster Chimay.

Oben: Schloss Belœil befindet sich seit 1394 in Besitz des Hauses Ligne
Links: Der Karneval in Binche lässt die Gilles durch die Stadt tanzen

Touren in der Region

Tour 11 Schiffshebewerke im Wandel der Zeiten

Route: Mons › Strépy-Thieu › Ronquières

Karte: Seite 120
Dauer: 1 oder 2 Tage, je nach Interesse
Praktische Hinweise:

- Anfahrt mit dem eigenen Auto.
- Schiffshebewerke am Canal du Centre: Autobahn E 19-E 42, Ausfahrt 21 »Le Roeulx«, der Ausschilderung »Ascenseur 1 – Cantine des Italiens« folgen.
- Schiffshebewerk Strépy-Thieu: Autobahn E 19–E 42, Ausfahrt 21 »Le Roeulx«, der Ausschilderung »Strépy-Thieu, Pays de Génies« folgen.
- »Schiefe Ebene«: Autobahn E 19, Ausfahrt 20, »Feluy«, dann N 534 bis Ronquières (Infos unter http://voiesdeau.hainaut.be).

Touren in der Wallonie

Tour 11
Schiffshebewerke im Wandel der Zeiten
Mons › Strépy-Thieu › Ronquières

Tour 12
Die größten Seen Belgiens
Mons › Beaumont › Barrage de l'Eau de l'Heure › Etang de Virelles › Chimay

Tour-Start:

Auf dem Weg vom Hennegau nach Brabant haben die Binnenwasserstraßen beträchtliche Höhenunterschiede zu überwinden. Dafür wurden schon im 19. Jh. verschiedene Methoden ausprobiert. Es begann mit den hydraulischen Aufzügen der Schiffshebewerke am Canal du Centre, die auf der Liste des Weltkulturerbes stehen. Das erste der Werke in Houdeng-Goegnies ging 1888 in Betrieb, die drei anderen (Houdeng-Aimeries, Strépy-Bracquegnies und Thieu) 1917.

Seit 2002 ersetzt das **Schiffshebewerk Strépy-Thieu 12** › S. 128

Karte
S. 120

die altertümlichen Aufzüge. Es überwindet 73 m Höhenunterschied in einem Zug. Es gibt keine gusseisernen Strebewerke mehr, sondern ein Hebewerk von 117 m Höhe, in dem zwei separate, mit Wasser gefüllte, 8000 t schwere Wannen die Kanalschiffe auf das jeweils andere Niveau heben.

In **Ronquières** 3 › **S. 123** besann man sich in den 1960er-Jahren auf das Prinzip Rolltreppe und baute am Canal de Bruxelles die »Schiefe Ebene«. Hier fahren die Schiffe in eine riesige Wanne, die an starken Stahlseilen eine schräge Bahn hinaufgezogen oder hinuntergelassen wird.

Sämtliche Hebewerke sind samt ihrer angeschlossenen Museen zu besichtigen.

Tour 12 Die größten Seen Belgiens

Route: Mons › Beaumont › Barrage de l'Eau de l'Heure › Etang de Virelles › Chimay

Karte: Seite 120
Dauer: 1 Tag
Praktische Hinweise:

- Fahrt mit dem eigenen Wagen auf der Route Nationale von Mons nach Beaumont, anschließend weiter nach Boussu-lez-Walcourt. Nach Süden über Cerfontaine und Virelles nach Chimay. Infos: www.lacsdeleaudheure.be.
- Picknickorb einpacken!

Tour-Start:

Die großen Seen – das sind im kleinen Belgien überschaubare Wasserflächen. Beide befinden sich in der nach Frankreich hineinreichenden Ecke, die von Feldern und Wäldchen geprägt ist. **Beaumont 9** › S. 126 z.B. liegt mitten im Wald und wartet mit dem Salamander-Turm aus dem 11. Jh. auf, den wohl schon Napoleon bewundert hat. Jedenfalls sind die Zeugnisse seines kurzen Aufenthalts Teil des darin untergebrachten Museums (Mi geschl., Mai, Juni, Sept. 10–17, Juli, Aug. 10–18 Uhr).

Der Stausee Barrage de l'Eau de l'Heure ist ein Freizeitzentrum mit Rutschbahn, Bootsverleih, Jetski, Windsurfen, Verkehrsübungsplatz für Kinder und Grillplätzen. Wer sich dem theoretisch nähern möchte, kann dies in der Modellhalle des Centre d'Accueil de la Plate Taille tun (tgl. 10–17/18/19 Uhr, je nach Jahreszeit). Ein Kontrastprogramm dazu ist der Etang de Virelles in grünem Hügelland, der größte natürliche See Belgiens, von einem Schilfgürtel umgeben und Refugium für seltene Pflanzen und Tiere.

Chimay 10 › S. 126 bildet das kulinarische Finale der Tour: Bier und Käse, hergestellt im Trappistenkloster Notre-Dame de Scourmont, erfreuen Gaumen und Seele, und in der Klosterherberge Auberge de Poteaupré (€€) ca. 4 km südöstlich von Chimay gibt es Übernachtungsmöglichkeiten (Rue de Poteaupré, 6464 Bourlers, Tel. 060/21 14 33, Restaurant Di–So 11–22, Sept. bis Pfingsten Di, Do 11–17, Fr–So 11 bis 22 Uhr, www.chimay.com).

Unterwegs im südlichen Belgien

Halle 1 [F5]

Seit dem Mittelalter ist Halle (37 000 Einw.) ein bedeutender Marienwallfahrtsort (Prozessionen an Pfingsten sowie am ersten Sonntag im Sept. und Okt.). Ziel der Pilger ist die wundertätige Schwarze Madonna (13. Jh.) über dem Hochaltar der spätgotischen **Onze-Lieve-Vrouwebasiliek.** Der mächtige Glockenturm besitzt ein Spiel mit 54 Glocken. Bemerkenswerte Skulpturen sind an den Portalen zu sehen, vor allem die Jungfrau mit Kind und die Marienkrönung. Wichtigste Kunstwerke im Kircheninneren sind der mit Figuren geschmückte Deckel des Taufbeckens von 1466 und die ausdrucksstarken Apostelfiguren im Chor. Die Krypta beherbergt den kostbaren Kirchenschatz. Die 32 Kanonenkugeln neben dem Eingang erinnern an das Jahr 1580, als die Schwarze Madonna gegen die Kalvinisten verteidigt werden musste.

Nivelles 2 [F6]

In Nivelles (26 800 Einw.) gründete Itta, die Witwe Pippins d. Ä., mit ihrer Tochter, der hl. Gertrud, um

Die 1430 m lange Schiefe Ebene bewältigt Schiffe bis zu einem Gewicht von 1350 t

650 ein Kloster. Im 12. Jh. bekam die Stadt einen Befestigungsring, von dem noch die Tour Simone erhalten ist. 1940 wurde die **Stiftskirche Ste-Gertrude** aus dem 11. Jh. zerstört. Beim Wiederaufbau legte man merowingische und karolingische Gebäudeteile sowie das Grab der hl. Gertrud frei. Dorthin zieht an jedem ersten Sonntag im Oktober eine große Pferdeprozession.

Der gewaltige Bau mit 102 m langem Langhaus, zwei Querschiffen und zwei Chören ist ein gutes Beispiel für die ottonisch geprägte Romanik. Über dem Westchor liegt der Kaisersaal mit drei großartigen Kuppeln, unter dem Ostchor die Krypta mit Kreuzgratgewölbe und Resten der fünf Vorgängerkirchen.

Das **Archäologische Museum** zeigt neben Funden von der prähistorischen bis zur römischen Zeit vier Statuen vom gotischen Lettner der Stiftskirche von Nivelles (Di–Fr sowie 2. und 4. So im Monat 9.30–12, 14–17 Uhr).

Info

Office de Tourisme

- Hôtel de Ville
  48, rue de Saintes | 1400 Nivelles
  Tel. 067/21 54 13
  www.tourisme-nivelles.be

Hotel

Hotel Nivelles-Sud €€

115 helle, freundliche Zimmer in einem modernen Mittelklassehotel; kleines Schwimmbad, Terrasse, gutes Restaurant und Spieleangebot.

- 22, chaussée de Mons | Nivelles
  Tel. 067/21 87 21
  www.hotelnivellessud.be

Ronquières 3 [F6]

Mit Hilfe der **Schiefen Ebene** von Ronquières gelingt es der Binnenschifffahrt, die Höhenunterschiede – in diesem Fall die 68 m im Verlauf des Kanals Brüssel–Charleroi – zu überwinden. Die Schiffe werden in riesigen, wassergefüllten Becken mit Stahlseilen über eine schiefe Ebene

! Erstklassig

Die hübschesten Dörfer der Wallonie

Die Wallonie ist stolz auf ihre schönen Dörfer. Intakte Dorfstrukturen mit traditioneller Architektur und lebendiger Dorfgemeinschaft lohnen einen Abstecher. Die Vereinigung **Les Plus Beaux Villages de la Wallonie** (7, rue Haute, 5332 Crupet, Tel. 083/65 72 40, www.beauxvillages.be) veranstaltet im Sommer sonntags geführte Wanderungen zu den schönsten Dörfern.

- **Aubechies** [D6] (26 km östl. von Tournai nahe der N 7 bei Leuze) besticht mit römischen Ausgrabungen und einer romanischen Kirche.
- **Ragnies** [F7] (südwestl. von Charleroi im Bezirk Thuin). Hier kann man Fleisch und diverse Schnäpse beim Erzeuger kaufen.
- **Lompret** [G8] (zwischen Chimay und Etang de Virelles). Wälder, Wasser und eine malerische Burgruine – romantisch.
- **Fagnolle** [G8] (südl. von Charleroi und Philippeville, über die N 5). Das zentrale Ensemble grauer Steinhäuser hat sich seit über 100 Jahren erhalten.
- **Vierves-sur-Viroin** [H8] (südl. von Philippeville an der N 99). Hauptblickpunkt dieses Dorfes ist sein Schloss mit dem roten Turm.
- **Soulme** [H8] (östl. von Philippeville, zwischen N 7 und N 40). Eine Mühle und die romanische Kirche verleihen dem Ort Charakter.

hinaufgezogen bzw. hinuntergelassen. Zu jedem Becken gehört ein Gegengewicht (4500 t). Auf diese Weise kann die Anlage mit geringer Motorenkraft betrieben werden.

Vom Steuerturm aus hat man eine prächtige Aussicht auf das technische Meisterwerk und weit über das Land des Hennegau (Mitte März bis Okt. tgl. 10–19 Uhr, letzter Einlass 17 Uhr). Noch spannender ist eine Bootsfahrt über die Schiefe Ebene, die im Sommer in diversen Varianten angeboten wird (Infos: Voies d'Eau du Hainaut, Tel. 078/05 90 59, http://voiesdeau.hainaut.be).

Villers-la-Ville 4 [G6]

Bernhard von Clairvaux gründete 1147 diese Zisterzienserabtei, die zeitweilig eine der reichsten Abteien Belgiens war. Zerstörungen und Plünderungen während der Religionskriege und der Französischen Revolution beförderten ihren Untergang. Durch die eindrucksvollen, mit Efeu überrankten Ruinen führt ein ausgeschilderter Rundweg.

Charleroi 5 [G7] und Umgebung

Im 19. und frühen 20. Jh. wurde in und um Charleroi (201 000 Einw.) das Schwarze Gold der Wallonie gefördert. Dank der Kohlevorkommen entstand im 16. Jh. auch die erste Glashütte. Die Industriegeschichte wird auf dem Gelände der Kohlegrube Bois du Cazier in der Vorstadt Marcinelle lebendig: Das **Espace Mu-**

sée de l'Industrie zeigt in denkmalgeschützten Industriegebäuden alte Fördertechnik und Werkstätten. Es dokumentiert ein Grubenunglück im Jahr 1956, bei dem 262 Bergleute umkamen. Im alten Kraftwerk finden Ausstellungen und Veranstaltungen statt, unter Tage gibt es Besucherführungen (Di–Fr 9–17, Sa, So 10–18 Uhr, www.leboisducazier.be). Das **Musée du Verre** informiert über die Methoden der Glasherstellung und zeigt exquisite Jugendstil-Werke (Di–Fr 9–12.30, 13–17, Sa, So 10–12.30, 13–18 Uhr, www.charleroi-museum.be).

Im ehemaligen Kloster von **Mont-sur-Marchienne** dokumentiert das **Musée de la Photographie** mit historischen Geräten und Aufnahmen die Geschichte der Fotografie (11, avenue Paul Pastur, 6032 Charleroi; GPS: Place des Essarts, Di–So 10 bis 18 Uhr, www.museephoto.be).

Info

Maison du Tourisme
- 20, place Charles II | 6000 Charleroi
  Tel. 071/86 14 14 | www.charleroi.be

Aulne 6 [F7]

In einem Bogen der Sambre liegt die Ruine der **Abbaye d'Aulne.** Das Kloster geht der Legende nach auf eine Gründung des hl. Landelinus im Jahre 656 zurück. 1147 übernahmen es Mönche aus Clairvaux, 1794 zerstörten die Franzosen die Abtei. Der verbliebene Chor und das Querschiff der Kirche bezeugen noch heute eindrucksvoll die einstige Größe des Klosters.

Ruine der Abtei von Villers-la-Ville

Lobbes 7 [F7]

Ein reuiger Straßenräuber, der später heiliggesprochene Landelinus, soll im 7. Jh. die hiesige Benediktinerabtei gegründet haben, die während der Französischen Revolution zerstört wurde. Auf dem Hügel steht die karolingische **Collégiale St-Ursmer** (11. Jh.). Der Vierungsturm kam im 19. Jh. hinzu. Chor, Krypta, Portikus und Westturm sind noch romanisch. In der Krypta stehen die Sarkophage der Heiligen Ursmer und Ermin (9. Jh.).

Thuin 8 [F7]

Die malerische Stadt (15 000 Einw.) erstreckt sich auf dem Uferhang der Sambre. Von der Stadtmauer, die Fürstbischof Notger von Lüttich ca. 1000 errichten ließ, ist noch der Wachturm **Tour Notger** erhalten. Vom **Belfried** aus hat man einen schönen Blick auf das Städtchen.

Das **Ecomusée de la Batellerie** (Binnenschiffermuseum) ist im historischen Frachtkahn »Thudo« eingerichtet. Hier erfährt man alles über den Bau der Flussschiffe und das Leben an Bord (April–Sept. Mi bis So 14–18 Uhr). Erhalten ist auch das alte **Binnenschifferviertel,** »le quartier de la batellerie«.

An einem Hang über dem Tal von Bismelle erstrecken sich die im Mittelalter auf Terrassen angelegten **Hängenden Gärten,** »jardins suspendus«. Der Weg ist ausgeschildert.

Alljährlich am letzten Maiwochenende findet im Rahmen der St-Rochus-Prozession eine der berühmtesten historischen Militärparaden des Hennegaus statt.

Info

Maison du Tourisme

- 2, place Albert 1er | 6530 Thuin
  Tel. 071/59 69 19 | www.visitthudinie.be

Beaumont 9 [F8]

Der Forêt de Rance (Rancewald) umschließt Beaumont, wo mit der trutzigen Tour Salamandre der letzte Rest der Stadtbefestigung aus dem 12. Jh. erhalten blieb. **Montignies-St-Christophe** ist bekannt für seine »Römische Brücke«, die aber aus dem 18. Jh. stammt.

Östlich von Beaumont ist der **größte Stausee Belgiens** (351 ha), Barrage de l'Eau d'Heure, ein beliebtes Wassersport- und Erholungsgebiet. Nicht weit davon liegt der **Etang de Virelles,** der größte natürliche See des Landes.

Hotels

Hostellerie du Gahy €€

Sechs schöne Zimmer bietet der umgebaute Hof an der französischen Grenze.

- 2, rue Gahy | 6520 Momignies
  Tel. 060/51 10 93 | www.legahy.com

Hotel de Franc Bois €

Landhotel am Etang de Virelles.

- 18, rue Courtil aux Martias
  6463 Lompret | Tel. 060/21 44 75
  www.hoteldefrancbois.be

Chimay 10 [G9]

Im südlichsten Zipfel des Hennegau lohnt das **Renaissanceschloss** von Chimay einen Besuch. Hinter der

SEITENBLICK

Karneval in Binche

Binche ist weithin für seinen Karneval bekannt. Am Karnevalsdienstag beherrschen die »Gilles« die Stadt. Im Morgengrauen sammeln sich Hunderte von Männern in ihren mit Wappen und Löwen besetzten Kostümen in den Straßen. Sie tragen weiße Hauben und feine Masken, die ein rosiges Gesicht mit Schnurrbart und grüner Brille zeigen. So klappern sie auf ihren Holzschuhen rhythmisch durch die Straßen. Am Nachmittag legen sie die Masken ab, setzen einen Kopfschmuck aus Straußenfedern auf und nehmen einen Korb mit Orangen in die Hand. Zu den Klängen von Viola, Akkordeon, Drehorgel und Trommeln tanzen sie dann durch die Stadt, begleitet von allerlei bunten Masken, die die Straßen in einen fröhlichen Hexenkessel verwandeln.

Kalksteinfassade öffnen sich herrliche Salons und ein Rokokotheater (1863), in dem im September Musikfestspiele stattfinden (Ostern–31. Okt. tgl. Führungen 10, 11, 15 und 16 Uhr). In der gotischen Kollegiatskirche **Sts-Pierre-et-Paul** steht in der ersten Kapelle rechts das Epitaph des Historikers und Dichters Jean Froissart (1337–1410).

Info

Maison du Tourisme de la Botte du Hainaut

- 4, rue des Noailles | 6460 Chimay
  Tel. 060/21 98 84
  www.botteduhainaut.com

Unterkunft

B&B Le petit Chapitre €

Ruhiges B&B mit fünf üppig dekorierten Zimmern voller Antiquitäten.

- 5, place du Petit Chapitre
  6460 Chimay | Tel. 060/21 10 42
  www.lepetitchapitre.be

Binche 11 ★ [F7]

Die reizvolle Altstadt von Binche (32 400 Einw.) liegt im Schutz eines mittelalterlichen Befestigungswalls mit 27 Türmen. Am besten erhalten ist der südliche Teil zwischen dem Museum und der **Collégiale St-Ursmer**. Diese frühromanische Kirche wurde nach schweren Schäden (16. Jh.) wieder aufgebaut. Aus der Gründungszeit stammen ein Teil des Turms und das Hauptportal.

Binche ist aber vor allem bekannt als Karnevalshochburg. Die ganze Stadt ist auf den Beinen, wenn jedes Jahr aufs Neue am Karnevalsdienstag die Gilles durch die mittelalterlichen Straßen tanzen.

Nahe der Kollegiatskirche kann man die Masken und Kostüme aus Binche sowie Masken aus aller Welt im **Musée International du Carnaval et du Masque** bewundern, gezeigt wird auch ein Film, der das närrische Treiben in der Stadt dokumentiert (Di–Fr 9.30–17, Sa, So 10.30 bis 17 Uhr, www.museedumasque.be).

Info

Office du Tourisme

- Grand-Place | 7130 Binche
  Tel. 064/33 67 27 | www.binche.be

Hotel

Les Volets Verts €€

Angenehmes Gästehaus mit Garten und vier unterschiedlich gestalteten Zimmern in einer ruhigen Altstadtstraße.

- 4, rue de la Triperie | Binche
  Tel. 064/33 31 47 | www.lvv.net

Canal du Centre [F6]

Die vier historischen **Schiffshebewerke des Canal du Centre** ★10 wurden als herausragende Zeugnisse der Ingenieurskunst in die Weltkulturerbeliste der UNESCO aufgenommen. Jeder der vier hydraulischen Aufzüge überwindet eine Höhe von 17 m: das – höchstgelegene – Hebewerk Nr. 1 in Houdeng-Goegnies, Nr. 2 in Houdeng-Aimeries, Nr. 3 in Bracquegnies, Nr. 4 in Thieu.

Das erste Werk wurde 1888 gebaut, das letzte 1917. Die Aufzüge sind wahre Zeugnisse der Gründerzeit: Türmchen und Zinnen kaschieren das technische Wunderwerk. Das Prinzip ist einfach: Zwei Becken ruhen auf hohen Kolben, das eine unten, das andere oben. Fährt ein Schiff in ein Becken ein, senkt sich das obere Becken, welches stets mehr Wasser enthält als das untere, und hebt das Schiff an sein Ziel. Weltweit sind diese historischen Aufzüge die einzigen, die noch in Betrieb sind – wenn auch heute nur noch für Touristenboote. Zwei Stunden dauert die Bootsfahrt durch das ganze Schiffshebewerk (Mitte März–Okt. tgl. 10 und 14 Uhr, Tickets: Tel. 078/05 90 59, http://voiesdeau.hainaut.be).

Das Museum **Cantine des Italiens** dokumentiert die Geschichte des Kanals (90, rue Tout-Y-Faut, Houdeng-Goegnies, Tel. 064/84 78 32).

Eine moderne technische Meisterleistung ist das 2002 am neu gebauten Parallelkanal des alten Canal du Centre eröffnete **Schiffshebewerk von Strépy-Thieu** 12 [F6], wo Binnenschiffe, ebenfalls per hydraulischem Aufzug, einen Höhenunterschied von 73 m überwinden (Besichtigung Mitte März–Nov. 9.30–18.30, Einlass bis 17 Uhr).

Mons 13 ★ [E7]

In der Provinzhauptstadt (91 100 Einw.) des Hennegau kam 1532 Orlando di Lasso zur Welt, einer der größten Musiker der Renaissance. Im Mittelalter wurde die Tuchmacherstadt von Spanien, Österreich und Frankreich okkupiert. Im 19. Jh. florierte der Kohlebergbau, Mons wurde zum Zentrum der Borinage, des belgischen Kohlenpotts.

Herz der Kulturhauptstadt Europas 2015 (www.mons2015.eu) ist die **Grand-Place** mit dem gotischen **Rathaus.** Links neben dessen Hauptportal fällt der Blick auf ein Äffchen. Dieser »Singe de Grand-Garde« gilt heute als Glücksbringer, früher war er vielleicht Teil des Kinderprangers. Die Innenräume des Rathauses mit ihren Tapisserien können besichtigt werden. In der Rue Neuve zeigt das moderne BAM, das **Musée des Beaux-Arts Mons,** zeitgenössische Kunst aus der Region (Di bis So 10–18 Uhr, www.bam.mons.be).

Der 87 m hohe barocke **Belfried** (mit vielen anderen in Belgien Teil des UNESCO-Weltkulturerbe, Glockenspiel) ist das Wahrzeichen von Mons. Er steht auf dem Square du Château an der Stelle des früheren Schlosses der Grafen des Hennegau, zu besichtigen ist auch die Kapelle **Saint Calixte** mit ihrer Krypta.

Die Stiftskirche **Sainte Waudru** auf der Anhöhe hat Mathieu de Layens im Stil der Brabanter Spätgotik entworfen (1450–1686). Sie birgt eine Sammlung bemerkenswerter Alabaster-Statuen (16. Jh.) sowie die Schatzkammer.

Info

Maison du Tourisme

- 22, Grand-Place | 7000 Mons
  Tel. 065/33 55 80 | www.visitmons.be

Hotel

St. James €€

Außen historisch, innen wunderschönes modernes Design.

- 8, place de Flandre | Mons
  Tel. 065/72 48 24 | www.hotelstjames.be

Alljährlich findet auf der Grand-Place von Mons das Doudou-Festival statt, der Kampf des heiligen Georg mit dem Drachen

Restaurants

La Table du Boucher €€
Brasserie mit guten Fleischgerichten.
- 49, rue d'Havré | Mons
  Tel. 065/31 68 38
  www.latabledubocher.be
  Tgl. außer Di 12–15, 18.30–23 Uhr

Le Marchal €€
Feine franz. Küche in nobler Stadtvilla.
- 4, Rampe Ste-Waudru | Mons
  Tel. 065/31 24 02 | www.marchal.be
  Mo, Di mittags, So–Do abends geschl.

Ausflüge

Cuesmes [E7] und Le Grand Hornu [E7]

In **Cuesmes** etwas südwestlich von Mons lebte Vincent van Gogh 1879/80 als Laienprediger bei einer Bergarbeiterfamilie. Hier entstanden seine frühen Bilder, die die harten Lebensbedingungen der Arbeiter widerspiegeln. Im unscheinbaren **Haus van Gogh** ist dem Künstler eine kleine Ausstellung gewidmet worden (3, rue du Pavillon, Di–So 12 bis 18 Uhr). Ungefähr 13 km weiter westlich liegt die denkmalgeschützte Industrieanlage **Le Grand Hornu** (1810–1830). Der Bergwerkseigner ließ hier Produktionsstätten und Verwaltungsgebäude errichten, dazu einen Herrensitz für seine Familie und eine Arbeitersiedlung. Das hochmoderne **MAC's** (Musée des Arts Contemporains) präsentiert Wechselausstellungen zeitgenössischer Kunst (82, rue Ste-Louise, Di bis So 10–18 Uhr, www.mac-s.be).

Minen von Spiennes [E7]

Ca. 7 km südöstlich von Mons wurde in der Jungsteinzeit (4000 bis ca. 750 v. Chr.) Feuerstein in großem Stil abgebaut und exportiert. Die Schächte waren bis zu 15 m tief. We-

Die fünf Türme der Cathedrale Notre-Dame dominieren Tournai

gen der einzigartigen Bedeutung dieses frühen Industriegebiets wurden die Feuersteinminen von Spiennes als UNESCO-Weltkulturerbe klassifiziert. Eine Besichtigung ist zurzeit nicht möglich, aber für Mitte 2015 ist die Eröffnung eines Besucherzentrums und eines neuen Museums geplant (www.minesdespiennes.org).

Schloss Belœil 14 11 [E6]

Belœil (12 800 Einw.) ist wegen seines berühmten Schlosses ein Muss. Mit barocken Formen, doch wegen der Verwendung von Ziegel und Sandstein ungewohnt streng und ernst, war es seit dem 14. Jh. über Generationen im Besitz der Prinzen de Ligne. Die kostbar möblierten Räume sind mit den Geschenken so illustrer Gäste wie Marie-Antoinette, Johann Wolfgang von Goethe, Katharina der Großen, Jean Jacques Rousseau und Voltaire ausgestattet. Die Bibliothek umfasst mehr als 20 000 Bände. Der 120 ha große **Park mit fantasievollen Barockgärten,** wohl eine Anlage des berühmten Gartenbauers Le Nôtre, gilt als der schönste Belgiens (Juli, Aug. tgl. 13–18, April–Juni, Sept. nur Sa, So, Fei 13–18, Einlass bis 17.15 Uhr, www.chateaudebeloeil.com).

Tournai 15 [D6]

Zusammen mit Tongeren › S. 96 ist Tournai (69 700 Einw.) die älteste Stadt Belgiens. Der ruhige, bürgerliche Ort über der Schelde (Escaut) genießt den Ruf einer bedeutenden Kunststadt. Grandioser Mittelpunkt der Stadt ist die dreieckige **Grand-Place** mit den prächtigen Renaissance-Bürgerhäusern. Das Denkmal auf dem Platz erinnert an Christine de Lalaing, die während der Religionskriege 1581 die Verteidigung der Stadt leitete, die wiederholt Kriegen ausgesetzt war. Im Keller der ehemaligen **Halle aux Draps** (Tuchhalle; 1610) wurde beim Wiederaufbau eine romanische Krypta freigelegt.

Der 72 m hohe, frei stehende **Belfried** gegenüber der **Eglise St-Quentin** (13. Jh.) gilt als der älteste in Nordeuropa und besitzt ein Glockenspiel mit 57 Glocken.

Zur Zeit des Übergangs von der Romanik zur Gotik entstand die stolze **Cathédrale Notre-Dame** aus Tournaiser Kalkstein. Nachdem die Romanik mit dem ungeheuer großen Kirchenschiff, den beiden Osttürmen und dem Vierungsturm in den Bau einging, ist der Hochchor ein Meisterwerk der Gotik. Zu den kunsthistorischen Kostbarkeiten der Kirche (seit 2000 UNESCO-Weltkulturerbe) zählen die romanischen Skulpturen am Nordportal, der sog. Porte Mantile. Die Ausmaße des Innenraums überwältigen: 134 m lang, 66 m breit, 33 m hoch; der Chor ist fast so lang wie das Langschiff. Ein reich dekorierter Renaissancelettner trennt die beiden Bauteile. Der Bildschmuck der Säulen, gotische Grabsteine, Fresken und Glasfenster im Querschiff sowie Werke von Rubens und Jordaens ergänzen das Bild. **50 Dinge** (28) › **S. 15**.

In einem sternförmigen Jugendstilbau von Victor Horta ist das **Musée des Beaux-Arts** untergebracht. Es besitzt Gemälde von Manet, Rogier van der Weyden, Gossaert, der Familie Brueghel, Jordaens, James Ensor und van Gogh sowie Skizzen von Rubens und Toulouse-Lautrec (Enclos St-Martin, April–Okt. tgl. außer Di 10.30–12.30, 13.30–17.30 Uhr, sonst Di–Sa 10–12, 14–17, So 14 bis 17 Uhr, jeden 1. So im Monat gratis).

Die Kunst des Teppichwebens, die in Tournai seit dem 15. Jh. ausgeübt wird, veranschaulicht das **Musée de la Tapisserie** (Place Reine Astrid, April–Okt. tgl. außer Di 10.30–12.30, 13.30–17.30, sonst Di bis Sa 10–12, 14–17, So 14–17 Uhr, jeden 1. So im Monat gratis, www.tamat.be).

Von der Brücke des Boulevard Delwart bietet sich dann ein weiter Blick auf den **Pont des Trous** (»Lochbrücke«, erbaut um 1290) und die eindrucksvolle Cathédrale Notre-Dame.

Zwischen dem nördlichen Ufer der Schelde und dem Bahnhof erhebt sich an der Rue du Rempart ein massiver Rundturm, die **Tour Henri VIII.** aus dem 16. Jh. Nahe der romanischen Kirche **St-Brice** mit dem Grab von König Childerich, dem Vater von Chlodwig › **S. 131**, stehen in der Rue Barre St-Brice die beiden **ältesten erhaltenen Bürgerhäuser Westeuropas** (Nr. 10 und 12). Sie stammen aus dem 12. Jh.

SEITENBLICK

Aus der Stadtgeschichte

Keimzelle der Stadt war die römische Station »Turnacum« an der Straße zwischen Köln und dem Ärmelkanal. Schon zu jener Zeit waren die Produkte der hiesigen Weber berühmt: Man lieferte Stoffe für die Cäsaren. Unter den Merowingern wurde Tournai die erste Hauptstadt ihres Frankenreiches; König Chlodwig, der 466 hier geboren wurde, erhob sie zum Bischofssitz. Der Tuchhandel und der Export des graublauen Kalksteins ermöglichten im 12. und 13. Jh. eine rege Bautätigkeit. Damals wurde auch der Grundstein der mächtigen Kathedrale gelegt. Mehrmals wechselte Tournai zwischen Frankreich und Flandern und wurde immer wieder in Kriege verstrickt, doch die schon im 16. Jh. berühmten Tapisserien, die Kupfer- und Messingschmiedekunst und später die Porzellanherstellung halfen der Stadt, den Wohlstand zu wahren.

Info

Office de Tourisme

- Vieux Marché aux Poteries
  7500 Tournai | Tel. 069/22 20 45
  www.tournai.be

Hotel

Cathédrale Tournai €€

Großzügig ausgestattetes Altstadthotel (59 Zimmer) im ehemaligen Feuerwehrhaus mit angeschlossenem Restaurant und Bar; Nichtraucheretage.

- 2, place St-Pierre | Tournai
  Tel. 069/25 00 00
  www.hotelcathedrale.be

Restaurants

Le Quai Gourmet €€

In diesem Restaurant werden französische Spezialitäten zu recht zivilen Preisen serviert.

- 8a, quai du Marché au Poisson
  Tournai | Tel. 069/44 11 01
  www.lequaigourmet.com

Rive Gauche €

Gemütliche Brasserie direkt am Schelde-Ufer, auf den Tisch kommen belgische Klassiker.

- 37, quai Notre-Dame
  Tel. 069/35 47 36 | Tournai
  www.resto-rivegauche.be
  Tgl. 12–14, 19–23.30 Uhr

Ath 16 [E6]

Die Grand-Place von **Ath** dominieren das Rathaus (17. Jh.) und die Kirche St-Julien mit ihrem hohen Turm aus dem 15. Jh. Unweit davon versteckt sich in einer der engen Gassen der viereckige **Donjon** (Wehrturm, 14. Jh.).

Die meisten Besucher strömen alljährlich am vierten Sonntag im August nach Ath, zur **Ducasse,** einem Umzug mit einer ganzen Familie von Riesenfiguren: Herr und Frau Gouyasse (Goliath) mit ihren Söhnen und ihrem Gefolge (4 m hoch, 100 kg schwer). Am Vortag wird ab 15 Uhr vor dem Rathaus der Kampf Davids gegen Goliath ausgetragen.

Rund 6 km südöstlich von Ath steht das charmante **Schlösschen Attre** [E6]. Die Pläne für seine sehr dekorative Treppe sollen auf den Rokokobaumeister François Cuvilliés zurückgehen. Zur Innenausstattung gehören Gemälde von Watteau und Snyders. Sehenswert ist der Park mit dem Taubenturm (nur im Rahmen von Führungen zu besichtigen: April–Juni, Sept., Okt. So 14 bis 17, Juli, Aug. Sa, So 13–17 Uhr).

Soignies 17 [F6]

Die Keimzelle der Kleinstadt am Ufer der Senne bildete eine Abtei, die um das Jahr 650 vom hl. Vinzenz gegründet wurde. Die **Stiftskirche St-Vincent** ist ein wuchtiger Bau mit lombardischen Bögen, die von zwei massiven Türmen überragt werden. Auf dem alten Friedhof (heute Stadtpark) ist in einer romanischen Kapelle ein interessantes **Archäologisches Museum** untergebracht (Di–Fr 8.30–12, 13.30 bis 16.15, Pfingsten–Mitte Sept. auch Sa, So 14–18 Uhr).

Wormeldange, ein malerisches Winzerdorf an der Mosel

LUXEMBURG

Kleine Inspiration

- **Das Labyrinth** der Kasematten auf dem Bockfelsen erkunden › S. 141
- **Ein Bild von einer Burg** bewundern: Schloss Vianden › S. 144
- **Ein paar Tanzschritte** auf dem Marktplatz von Echternach wagen › S. 145
- **Mit dem Panoramalift** im Historischen Museum fahren › S. 140
- **Ein Glas Elbling** von der Mosel verkosten › S. 146

Der zweitkleinste Staat der EU, entstanden als Grafschaft im Heiligen Römischen Reich, bezaubert nicht nur mit Zeugnissen seiner langen Geschichte, sondern auch mit einer einzigartigen Landschaft.

Das Großherzogtum Luxemburg (2587 km^2; frz. Grand Duché de Luxembourg) erreicht mit ca. 543 000 Bewohnern gerade mal die Einwohnerzahl einer mittleren Großstadt. Doch sowohl in wirtschaftlicher wie auch in politischer Hinsicht hat das kleine Land einiges in die Waagschale zu werfen: Die Hauptstadt ist ein internationales Bankenzentrum und Sitz bedeutender europäischer Institutionen: EU-Gerichtshof, EU-Rechnungshof, Europäische Investitionsbank und das Sekretariat des EU-Parlaments ziehen ein internationales Publikum ins Land. Polyglott geben sich auch die Einwohner. Sie wechseln neben ihren drei Landessprachen – Deutsch, Französisch und Lëtzebuergesch – meist noch lässig ins Englische.

Stadt und Land Luxemburg sind für einen erlebnisreichen Kurzurlaub wie geschaffen, denn sie bieten ländliche Idylle und kulturelle Genüsse, Kleinstadtruhe plus internationales Flair.

Den Norden das Landes bildet der Ösling, ein etwa 500 m hohes, den Ardennen zugehöriges Hochplateau, das mit den tief eingeschnittenen Tälern der Flüsse Our, Clerve, Alzette und Wiltz, den Burgen und hübschen Kleinstädten eindrucksvolle Landschaftsbilder bietet. Der mittlere und der südliche Landesteil, das von den Flüssen Sauer und Mosel begrenzte Gutland, empfängt Besucher mit mildem Klima und einer reizvollen Hügellandschaft, die zum Teil noch immer die Wunden des Bergbaus zeigt.

Das alte Fort Thüngen und der Neubau des Museums für moderne Kunst auf dem Kirchberg

Touren in der Region

Tour 13 Der Mullerthal-Trail

Route: **Echternach › Rosport › Moersdorf › Echternach › Berdorf › Mullerthal › Echternach › Mullerthal › Beaufort › Larochette › Mullerthal**

Karte: Seite 137
Dauer: 3 Tage. **1. Tag:** 40 km; **2. Tag:** 33 km; **3. Tag:** 37 km.
Praktische Hinweise:

- Anreise mit Auto oder Zug, Busverbindung von Echternach nach Mullerthal.
- Der gut markierte Mullerthal-Trail beschreibt drei große Schleifen, die jeweils zum Ausgangspunkt zurückkehren – ein Tagesrucksack ist deshalb ausreichend.
- Für alle Etappen können auch andere Orte unterwegs als Einstieg gewählt werden. Jede Etappe lässt sich zudem als einzelne Tagestour gestalten (www.mullerthal-trail.lu).

Tour-Start:

Die Tour des ersten Tages beginnt in der historischen Stadt **Echternach** 5 › **S. 145**. Entlang der Sauer geht es nach Osten, Richtung Rosport, und am dortigen, im Tudor-Stil gehaltenen Schloss vorbei. Mit dem Fluss wandert man durch Wald und Wiesen nach Süden bis Moersdorf. Unterwegs bietet die Wallfahrtskapelle Girsterklaus einen weiten Blick über die Landschaft. Dann verlässt man die Sauer, passiert Boursdorf, Mompach und Herborn und durchmisst schließlich das einsame Waldgebiet Haardt. Am Echternacher See ist vor der Rückkehr in die Stadt Gelegenheit für eine Pause.

Am zweiten Tag geht es von Echternach hinauf zum Aussichtspunkt Troosknäppchen und dann weiter in die Felsenwelt: Die Wolfsschlucht jagt Wanderern Schauer über den Rücken. Die Höhle Huel Lee weckt Bewunderung: Kreisrunde Löcher in den Wänden zeugen davon, dass hier einst Mühlsteine gebrochen wurden. Nach Berdorf durchquert man das Waldgebiet Schnellert und erreicht den Weiler Mullerthal. Entlang der Schwarzen Ernz geht es zum Schiessentümpel und dann durch eine faszinierende Felsenwelt nach Consdorf. Jetzt wird es eng: die Felsspalte Kohlscheuer scheint Wanderer zu verschlingen. Aber keine Angst: Bald danach öffnet sich die Landschaft wieder, der Weg führt gemütlich zurück nach Echternach.

Der dritte Abschnitt des Mullerthal-Trails beginnt in Mullerthal und folgt der Schwarzen Ernz nach Norden, dann dem engen Hallerbachtal und schließlich dem Haupeschbach bis zum Schloss von Beaufort. Der nächste Ort, Larochette, lockt mit einer Burgruine, dann geht es über eine Hochebene mit herrlicher Aussicht. Über Blumenthal wandert man zurück nach Mullerthal.

Tour 14 Luxemburger Weinstraße

Route: **Schengen › Remich › Stadtbredimus › Grevenmacher › Wasserbillig**

Karte: Seite 137
Dauer: 2 Tage
Praktische Hinweise:

- Diese Pkw-Tour ist auch per Schiff machbar: Anlegeplätze der »M.S. Princesse Marie-Astrid« sind in Schengen, Bech-Kleinmacher, Remich, Stadtbredimus, Wormeldange, Grevenmacher und Wasserbillig
- www.moselle-tourist.lu

Tour-Start:

Nur 42 km beträgt die Strecke, auf der die Mosel zu Luxemburg gehört. Aber in diesem kleinen Gebiet wird eine solche Menge Wein und Sekt produziert, dass man mit dem Verkosten kaum nachkommt. In Schengen quert die Mosel die Grenze von Frankreich nach Luxemburg. Remerschen, Schwebsingen, Wellenstein, Bech-Kleinmacher heißen die ersten Winzerörtchen, die mit schönen Plätzen, alten Kirchen und manchem Schloss aufwarten.

Remich › **S. 146** ist der erste größere Ort. Die bekannte Sektkellerei St. Martin (53, route de Stadtbredimus, Tel. 003 52/23 69 97 74, www.cavesstmartin.lu, April–Okt. Di–So 10–11.30, 13.30–17 Uhr) wartet hier auf Besucher, und schöne Spazier- und Wanderwege lassen die Zeit auf geruhsame Weise vergehen.

Auch Stadtbredimus genießt einen guten Ruf als Weinort. Hier sitzt die Winzergenossenschaft Vinsmoselle (12, route du vin, Tel. 003 52/23 69 66-1, www.vinsmoselle.lu).

Wer in Grevenmacher › **S. 146** von bunten Traumgebilden umgaukelt wird, hat wohl nicht den Weg in die älteste Genossenschaftskellerei des Landes genommen, sondern den Schmetterlingsgarten voller Falter und exotischer Vögel gefunden (April–Mitte Okt. tgl. 9.30 bis 17 Uhr).

Der letzte Ort der Weinstraße heißt – ausgerechnet – Wasserbillig, er markiert zugleich Luxemburgs tiefsten Punkt. Die schöne Barockkirche, ein sehenswertes Aquarium (Juni–Okt. tgl. 9.30–17 Uhr) und Wanderwege u.a. zu römischen Gräbern machen den Ort attraktiv.

Tour 15 Burgentour im Ösling

Route: **Echternach › Bourscheid › Esch-sur-Sûre › Wiltz › Clervaux › Vianden › Echternach**

Karte: Seite 137
Dauer: 2 Tage
Praktische Hinweise:

- Anfahrt mit dem eigenen Auto

Tour-Start:

Bei **Echternach** 5 › **S. 145** beginnt das schöne Burgenland Luxemburgs. Die Häufung von befestigten Orten liegt in Luxemburgs kriegerischer Geschichte begründet. In **Bourscheid** 8 › **S. 147** wird man das

Touren in Luxemburg

Tour 13

Der Mullerthal-Trail

Echternach › Rosport › Moersdorf › Echternach › Berdorf › Müllerthal › Echternach › Müllerthal › Beaufort › Larochette › Müllerthal

Tour 14

Die Luxemburger Weinstraße

Schengen › Remich › Stadtbredimus › Grevenmacher › Wasserbillig

Tour 15

Burgentour im Ösling

Echternach › Bourscheid › Esch-sur-Sûre › Wiltz › Clervaux › Vianden › Echternach

größte Schloss zwischen Rhein und Maas bewundern, es steht mit Respekt einflößenden 12 000 m² Fläche auf einem Felsen über der Sauer. Alles an ihm ist mächtig: Bergfried, Wachtürme und das Stolzemberger Haus. Die Burg von Esch-sur-Sûre hat die Zeiten nicht ganz so gut überstanden, nur Bergfried und Teile der Mauer sind erhalten. Das barocke Schloss von Wiltz mit den vielgestaltigen grauen Schieferdächern prunkt mit seiner Freitreppe – vor allem wenn diese die Kulisse für Freilichtaufführungen bildet (www.festivalwiltz.lu). Im Zentrum von **Clervaux** 2 › **S. 143** steht die schönste Burg des Landes: So wehrhaft wie gemütlich sieht das Ensemble mit dem runden Torbogen und den dicken Türmen aus. Berühmter noch ist **Schloss Vianden** 3 › **S. 144**, die Burg, die in ihrer Geschichte nie eingenommen wurde und mit Waffensaal, Ritterstube und Schlossküche aufwartet.

Wichtige Adresse

City Tourist Office

- 30, place Guillaume II
  1648 Luxembourg
  Tel. 003 52/22 28 09 | www.lcto.lu
- Eintritt zu über 50 Sehenswürdigkeiten in Luxemburg-Stadt und freie Fahrt mit öffentlichen Verkehrsmitteln bietet die **Luxembourg-Card** ab 11 € pro Person. Familien bis zu 5 Personen zahlen 68 € für die 3-Tages-Karte.

Unterwegs in Luxemburg

Luxemburg-Stadt 1 [M10]

In der Haupt- und Residenzstadt (frz. Luxembourg) des Großherzogtums lebt etwa ein Drittel der Bevölkerung des Landes (mit Vororten ca. 150 000 Einw.). Sie verdankt ihre Gründung einem strategisch günstigen Felssporn über dem Tal der Alzette, dem Bockfelsen, auf dem sich eine gut befestigte kleine Burg, eine »Lützelburg«, errichten ließ. Daraus wurde im 16. Jh. eine der stärksten Festungen Europas, das »Gibraltar des Nordens«, das ständig wechselnden Herren gehörte: Franzosen, Spanier, Österreicher, Preußen gaben sich hier sozusagen den Schlüssel zur Zugbrücke in die Hand. Heute manifestiert sich die Bedeutung Luxemburgs eher auf dem Kirchberg, wo sich die meisten der europäischen Institutionen befinden.

Im Stadtzentrum

Im Volksmund heißt der zentrale **Place de la Constitution** A [c3/4] »Gëlle Frau«, Goldene Frau, was sich auf die Siegesgöttin an der Spitze des Ehrenmals für die luxemburgische Freiwilligenkompanie im Ersten Weltkrieg bezieht. Am Platz der Verfassung liegt der Zugang zu den **Casemates de la Pétrusse**. Das unterirdische Labyrinth von Gängen und Treppen wurde ab 1644 von den spanischen und österreichischen Besatzungstruppen in den Fels gesprengt (Ostern, Pfingsten und Juli–Sept. tgl. 11–16 Uhr, geführter Rundgang).

Der Blick in die Parkanlagen im Tal der Pétrusse, die über einen Treppenweg zu erreichen sind, wird vom Pont Adolphe (1903) und dem alten **Viadukt** (1859) mit seiner harmonischen Bogenarchitektur eingerahmt. Beide Brücken führen ins lebhafte Bahnhofsviertel mit seinen protzigen Verwaltungsbauten, wobei die Gründerzeitgebäude des Arcelor-Stahlkonzerns und der Staatssparkasse, aber auch der Bahnhof mit seinem markanten Turm zu den architektonisch interessantesten Bauten gehören.

Auffallendster Schmuck der schlichten Nordfassade der **Cathédrale Notre-Dame** B [c4] (17. Jh.) ist das frühbarocke Eingangsportal. Zur barocken Innenausstattung gehört die reiche, mit maurischen Stilelementen durchsetzte Empore. Erst in den 1930er-Jahren wurde der Südteil der Kirche angebaut. Dort befindet sich das Gnadenbild der Landespatronin »Trösterin der Betrübten«. Zwei Bronzelöwen weisen den Eingang zur Krypta der Großherzöge. Neben der Kirche, im Gebäude des ehemaligen Jesuitenkollegs, einem dreiflügeligen Renaissancebau, ist die Nationalbibliothek untergebracht. Auf der anderen Seite steht das alte Refugium der Trierer **St-Maximin-Abtei** C [c4]. Der Natursteinbau wurde 1751 errichtet und ist heute Sitz des Außenministeriums.

Ein Stückchen weiter südlich zeigt das **Historische Museum der Stadt Luxemburg** auf sechs teils in den Fels gegrabenen Stockwerken so unterhaltsam wie informativ die Entwicklung der Stadt in den letzten tausend Jahren. ! Atem-

Place Guillaume II. mit dem Großherzoglichen Palast

beraubend ist die Fahrt mit dem Panoramalift, der die Schichten der Stadt durcheilt (14, rue Saint Esprit, Di–So 10–18, Do bis 20 Uhr, unter 18 Jahren Eintritt frei, www.mhvl.lu).

Auf der **Place Guillaume II.** D [c4] findet mittwochs und samstags ein bunter Markt statt. In der Platzmitte erhebt sich das Reiterstandbild Wilhelms II., der sowohl König der Niederlande als auch Großherzog von Luxemburg war. An der Südseite steht das klassizistische **Rathaus.** Ein mit einem Fuchs bekrönter Brunnen ehrt Michel Rodange, der Goethes Epos »Reineke Fuchs« auf Luxemburger Verhältnisse übertrug. **50 Dinge** (41) › **S. 17.**

An der Place Guillaume startet auch der »Wenzelrundgang« durch die Ober- und die Unterstadt und verbindet Stationen der Geschichte Luxemburgs (Start ist am City Tourist Office, von April–Ende Okt. jeweils samstags 15 Uhr). Die Tour kann man mit einem Faltblatt des City Tourist Office › **S. 138** auch ohne Führung gehen.

Durch eine Passage kommt man zur **Place d'Armes** E [c3], dem Paradeplatz mit vielen Cafés und Restaurants, und dann ein Stück weiter südwestlich zum **Casino Luxemburg – Forum für zeitgenössische Kunst,** das interessante Ausstellungen präsentiert (41, rue Notre-Dame, Mo,

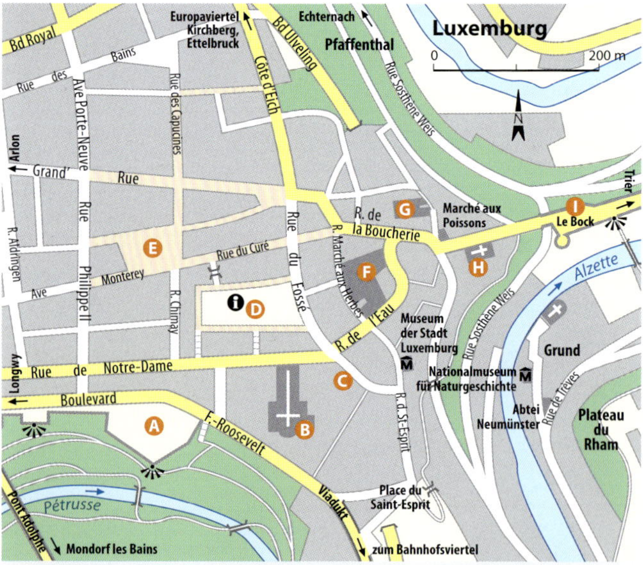

A Place de la Constitution
B Cathédrale Notre-Dame
C St-Maximin-Abtei
D Place Guillaume II.
E Place d'Armes
F Palais Grand-Ducal
G Musée National d'Histoire et d'Art
H Kirche St-Michel
I Bockfelsen

Mi, Fr 11–19, Do 11–20, Sa, So 11 bis 18 Uhr, www.casino-luxembourg.lu).

Maurisch-spanische Arabesken zieren die Fassade des 1572 im Renaissancestil erbauten **Palais Grand-Ducal** F [c4]. Weht die Fahne auf dem Dach und stehen zwei Wachen vor dem Tor, ist die Großherzogliche Familie zu Hause (Besichtigung Mitte Juli bis Mitte Aug., Tickets nur im City Tourist Office › **S. 138**).

Die Rue de la Boucherie endet am **Marché aux Poissons,** dem früheren Fischmarkt und historischen Kern der Altstadt, wo das erste Kastell errichtet worden war. Das nahe gelegene **Musée National d'Histoire et d'Art** G [b4] zeigt eine umfassende Sammlung zur Geschichte und Kultur des Landes. So begegnet man den Kelten und Römern, die einstmals hier lebten – nicht schlecht übrigens, wie ein prächtiges römisches Mosaik beweist (Di–So 10 bis 18, Do bis 20 Uhr, www.mnha.lu).

Die Geschichte der **Kirche St-Michel** H [c4] geht bis ins Jahr 987 n. Chr. zurück, als die Luxemburger Grafen ihre Burgkapelle errichteten. Das Renaissanceportal, der spätgotische Innenraum und die barocke Ausstattung zeugen von den zahlreichen Umbauten.

Der Bockfelsen I [c5]

Zur Zeit der spanischen Fremdherrschaft entstanden 1644 die ersten Kasematten. 40 Jahre später erweiterte der französische Festungsbauer und Militäringenieur Vauban die unterirdischen Galerien. Ihre heutigen Ausmaße erhielten die **Casemates du Bock** 12 unter der österreichischen Kaiserin Maria Theresia Mitte des 18. Jhs. Ein eindrucksvoller halbstündiger Spaziergang führt durch einen Teil des 17 km langen Labyrinths der Verteidigungsanlagen, die zum UNESCO-Welterbe zählen (März–Okt. tgl. 10–17 Uhr).

Vom Höhenweg **Chemin de la Corniche,** vom Autor Batty Weber (1860–1940) als »schönster Balkon Europas« gerühmt, bieten sich abwechslungsreiche Ausblicke ins Tal der Alzette mit den Unterstädten Grund und Pfaffental sowie auf das Plateau du Rham gegenüber.

Im Grund ★ [c4–c5]

Ein Aufzug an der Place du St-Esprit verbindet die Oberstadt mit dem angesagten Viertel Grund. In viele der restaurierten Fischer- und Arbeiterhäuschen sind inzwischen Läden, Bistros, Cafés und Pubs eingezogen. Aus der **Abtei Neumünster** (17. Jh.) wurde ein Kulturzentrum. Dort treffen sich Kulturfans zur Jazzmatinée (www.neimenster.lu).

Das interessante **Nationalmuseum für Naturgeschichte »natur musée«** geht noch weiter in die Geschichte zurück: Beginnend mit den ersten Spuren des Lebens auf der Erde wird der Frage nachgespürt: »Wer bin ich?« (25, rue Münster, Di–So 10–18 Uhr, www.mnhn.lu).

Auf dem Kirchberg [a5]

Um den neuen Star unter den Museen zu besuchen, muss man hinaus zum **Plateau Kirchberg** fahren (A1 Richtung Trèves (Trier), Ausfahrt 8, Buslinien 1, 13, 16, Haltestelle Philharmonie-Mudam). Hier wird Europa gemacht: Behörden, Banken, Kongress- und Tagungszentren haben ihre Klötze aufgestellt.

Die neue, weiße **Philharmonie** von Christian de Portzamparc prunkt mit über 800 schlanken Säulen (www.philharmonie.lu). Außerdem haben Bildhauer wie Fernand Léger (»La grande fleur qui marche«), Richard Serra (»Exchange«, »Sarregemuines«) oder A.R. Penck (»Delphi heliotroph«) hier genügend Platz für ihre monumentalen Plastiken.

Auf den Ruinen des alten Forts hat der chinesisch-amerikanische Architekt Ieoh Ming Pei das **Museum für moderne Kunst Grand-Duc Jean MUDAM** errichtet. **!** Luxemburgs erstes Museum für moderne Kunst hat sich auf die Fahne geschrieben, stets »nah am Nerv der internationalen Kunstszene« zu bleiben und lädt immer wieder renommierte Künstler ein, Werke speziell für dieses Haus zu schaffen (3, Park Dräi Eechelen, Mi–Fr 11–20, Sa bis Mo 11–18 Uhr, Di geschlossen, www.mudam.lu).

SEITENBLICK

Auf nach Europa

1948 gab Luxemburg seine Neutralität auf und entschied sich für eine aktive Rolle in der europäischen Integrationspolitik: Es gründete 1949 mit den Niederlanden und Belgien die Zoll- und Wirtschaftsunion BeNeLux, wurde 1951 Sitz der Montanunion und trat 1964 der EWG bei. 1995 ratifizierte Luxemburg als erstes Land die Maastricht-Verträge zur EU, 2005 die Nizza-Verträge zur EU-Verfassung. Und 2007 war Luxemburg zusammen mit den Nachbarregionen in Deutschland, Belgien und Frankreich »Europas Kulturhauptstadt« – ein Titel, den die Stadt Luxemburg schon 1995 trug.

Hotels

Domus €€€

Apartmenthotel im Designerstil.

- 37, avenue Monterey | Luxembourg
  Tel. 003 52/4 67 87 81
  www.domus.lu

Le Royal €€€

Hotel der Weltklasse mit Fitnessräumen, Sauna, Hamam, Schönheitssalon etc. am Rande der Altstadt mit Parkblick.

- 12, boulevard Royal | Luxembourg
  Tel. 003 52/2 41 61 61
  www.leroyal.com/luxembourg

Victor Hugo €€€

Freundliches, modernes Stadthotel (21 Zimmer) am Rande von Bankenviertel und Altstadt.

- 2, avenue Victor Hugo | Luxembourg
  Tel. 003 52/2 62 74 40
  www.victorhugo.lu

Restaurants

Clairefontaine €€€

Das **!** Gourmetlokal im Regierungsviertel serviert v. a. edle französische Küche.

- 9, place de Clairefontaine
  Luxembourg | Tel. 003 52/46 22 11
  www.restaurantclairefontaine.lu
  Sa, So geschl.

Am Tiirmschen €€

Authentische Luxemburger Küche. **50 Dinge** (20) › S. 14.

• 32, rue de l'Eau | Luxembourg
Tel. 003 52/26 27 07 33
www.amtiirmschen.lu

Mousel's Cantine €€
Uriges Traditionslokal mit authentischer Luxemburger Küche
• Montée de Clausen 46 | Luxembourg
Tel. 003 52/47 01 98
www.mouselscantine.lu

La Boucherie €–€€
Café, Brasserie und Restaurant zugleich und spezialisiert auf Fleischgerichte.
• 9, place des Armes | Luxembourg
Tel. 003 52/26 10 38 83
Tgl. bis 22 Uhr | www.laboucherie.lu

Shopping

Frieden
Designermode für Damen und Herren.
• 4, rue des Capucins | Luxembourg
Tel. 003 52/46 02 08

Pâtisserie Oberweis
Ein Spitzenkonditor.
• 19, Grand' Rue | Luxembourg
Tel. 003 52/47 07 03 | www.oberweis.lu

Clervaux 2 [M8]

Hauptanziehungspunkt des Städtchens ist die **Schlossburg** (12. bis 17. Jh.), die die Grafen von Clerf im 12. Jh., möglicherweise auch früher, auf einem Felsvorsprung errichteten. In ihren Räumen sind zurzeit zwei Dauerausstellungen zu besichtigen: eine zur Ardennenschlacht und dem Zweiten Weltkrieg und eine mit Modellen der 22 wichtigsten Luxemburger Burgen und Schlösser (Mai–Sept. Di–So 11–18,

Das Schloss von Clervaux

März, April und Okt.–Dez. Sa, So, Fei 11–18 Uhr, Jan., Febr. geschl.). Legendär ist die **Fotosammlung »The Family of Man«** des Luxemburger Fotografen Edward Steichen. Die Ausstellung wurde 2003 in die Liste des Weltdokumentenerbes (Memory of the World = MOW) der UNESCO aufgenommen (Mi bis So 12–18 Uhr, www.steichencollections.lu).

Die schlichte neoromanische **Klosterkirche** der Benediktinerabtei St-Maurice et St-Maur birgt als wertvollstes Ausstattungsstück eine Pietà aus dem 15. Jh. Eine Spezialität von Clervaux ist der Kaffee der Abtei-Rösterei.

Hotel

Manoir Kasselslay €€€
Stilvolle Zimmer und ein Michelin-Stern für klassische, mit Finesse zubereitete Gerichte. Im Sommer wird auf der hübschen Terrasse gedeckt.
• Maison 21 | 9769 Roder (bei Clervaux)
Tel. 003 52/95 84 71
www.kasselslay.lu

! Erst-klassig

Sterne über Luxemburg

In Luxemburg kann man außergewöhnlich gut essen. Das kleine Land hat ein Dutzend Sterne-Restaurants:

- **Clairefontaine,** längst eine Institution mit einfallsreicher Speisekarte. › **S. 142**
- In edel-rustikalem Rahmen verwöhnt **Le Bouquet garni** [c4] mit klassisch-modernen Gerichten (32, rue de l'Eau, 1449 Luxembourg, Tel. 003 52/26 20 06 20, www.lebouquetgarni.lu, So, Mo geschl.).
- Französische Klassik, mediterrane Leichtigkeit und orientalische Schärfe gehen im **Le Patin d'Or** [M11] von Philippe Laffut eine köstliche Liaison ein (40, route de Bettembourg, 1899 Kockelscheuer, Tel. 003 52/22 64 99, www.patin-dor.lu, Sa, So geschl.).
- Feine italienische Küche zeichnet das **Ristorante Mosconi** [c4] in einem schönen Haus am Ufer der Alzette mit Terrasse aus (13, rue Munster, 2160 Luxembourg-Grund, Tel. 003 52/54 69 94 www.mosconi.lu, Sa Mittag, So, Mo geschl.).
- In ihrem stilvollen Edelrestaurant **Léa Linster** [N11] serviert die Grande Dame der Luxemburger Küche feine französisch inspirierte Kreationen (17, route de Luxembourg, 5752 Frisange, Tel. 003 52/23 66 84 11, www.lealinster.lu, Mo, Di geschl.).

Hotel St-Hubert €

Nur 10 Min. Fußweg ins Zentrum von Clervaux. Etwas rustikal, aber recht gemütlich eingerichtete Zimmer. Mit Bar und Restaurant.

- 9768 Reuler/Clervaux | Tel. 003 52/92 04 32 | www.hotel-sthubert.lu

Vianden 3 [M9]

Mit seiner 1000 Jahre alten **Burg** zählt der Ort zu den bekanntesten Reisezielen in Luxemburg. Die Besichtigung der einzelnen Gebäudeteile – des Großen Palas mit dem Rittersaal, des Kleinen Palas mit dem Byzantinischen Saal und der Burgkapelle (12. Jh.) – ist ein Erlebnis (April–Sept. tgl. 10–18 Uhr, sonst kürzer, www.castle-vianden.lu).

Im alten Ortskern sind die gotische **Eglise des Trinitaires** mit schönem Kreuzgang und barockem Hochaltar, das **Volkskundemuseum** und das **Victor-Hugo-Museum** sehenswert. Während seines Exils 1871 wohnte der Romancier kurz in dem Haus (Di–So 11–17 Uhr).

Info

Syndicat d'Initiative

- 14, rue du vieux Marché 9419 Vianden | Tel. 003 52/83 42 57 www.tourist-info-vianden.lu

Hotel

Auberge du Château €€

Ein schmuckes Haus zum Wohlfühlen: über 40 liebevoll gestaltete Zimmer (auch Studios), Brasserie-Restaurant.

- 74–80, Grand Rue | 9401 Vianden Tel. 003 52/83 45 74 www.auberge-du-chateau.lu

Die mittelalterliche, sorgfältig restaurierte Burg von Vianden

Luxemburger Schweiz 4 [N9/10]

Auf der Fahrt durch das untere Tal der Sûre (Sauer) münden weite Acker- und Wiesenflächen in eine immer enger werdende Tallandschaft. In dieser waldreichen Gegend, die ein dichtes Netz von Wanderwegen durchzieht, haben sich Bäche tief eingeschnitten und jene bizarren Felsgebilde, Schluchten und Höhlen geschaffen, die der Gegend ihren Namen einbrachten.

Echternach 5 ★ [N9]

Mit der Gründung einer Benediktinerabtei durch den hl. Willibrord im 7. Jh. begann die Entwicklung Echternachs (5300 Einw.) zu einem Zentrum religiöser Kunst. Im 10. und 11. Jh. genoss die Echternacher Buchmalerschule hohes Ansehen, wie sich im **Museum der Buchmalerei** im Untergeschoss der Abtei nachvollziehen lässt (April, Mai, Okt. tgl. 10–12, 14–17, Juni, Sept. 10–12, 14–18, Juli, Aug. 10–18 Uhr). Mittelpunkt der Klosteranlage ist die viertürmige **Willibrordusbasilika.** Mehrfach zerstört, um- und rückgebaut, entspricht ihr Äußeres wieder dem des 11. Jhs. Die Krypta des karolingischen Vorläuferbaus aus dem 8. Jh. ist noch gut erhalten.

Die berühmte Echternacher Springprozession zu Ehren des hl. Willibrord (sie steht auf der UNESCO-Liste der immateriellen Kulturgüter der Menschheit) findet jedes Jahr am Pfingstdienstag statt (www.willibrord.lu).

Die Nordwestseite des schönen Marktplatzes bilden der gotische Dingstuhl (Denzelt), ehemals Sitz des Schöffengerichts, und das alte Rathaus »Unter den Arkaden«.

Der Kulturrundweg »Via Epternacensis« verbindet 15 Altstadt-Sehenswürdigkeiten. Einen Plan mit Beschreibung der Stationen gibt es im Tourismusbüro.

Info

Bureau de Tourisme
- Parvis de la Basilique
6401 Echternach
Tel. 003 52/72 02 30
www.echternach-tourist.lu

Hotel

Le Pavillon €€
Freundliches Mittelklassehotel unweit vom Hauptplatz mit Brasserie.
- 2, rue de la Gare | Echternach
Tel. 003 52/72 98 09
www.lepavillon.lu

SEITENBLICK

Moselwein auf Letzeburgisch

Weintrinker erfreuen sich in Luxemburg an den Rebenhängen, die die Ufer der Mosel bilden und frische, spritzige Weißweine liefern. Etwa 50 Weingüter mit insgesamt 1350 ha Rebfläche produzieren Wein von hoher Qualität, den man in Deutschland selten findet, denn die Luxemburger scheinen ihn selbst zu trinken. Neben Riesling, Pinot Gris, Pinot Blanc und Pinot Noir werden auch unbekanntere Trauben kultiviert:

- Der körperreiche **Auxerrois,** den vermutlich vertriebene Hugenotten aus Frankreich in Luxemburg angesiedelt haben, hat wenig Säure und ist daher sehr anpassungsfähig.
- Der **Rivaner,** eine Kreuzung aus Riesling und Sylvaner, ist eine milde, duftende Rebsorte, die hier am häufigsten angebaut wird.
- Der **Elbling** wird in Luxemburg seit der Römerzeit kultiviert. Er ist erfrischend, spritzig und alkoholarm – ideal für das Glas zwischendurch.

Restaurant

Hostellerie de la Basilique €€
Gutes Hotel-Restaurant: Spezialitäten sind Meeresfrüchte und Fisch.
- 7, place du Marché
Echternach
Tel. 003 52/72 94 83
www.hotel-basilique.lu

Moseltal 6 [N10]

Das Zentrum der luxemburgischen Weinbauregion ist die ehemalige Festungsstadt **Grevenmacher** (3300 Einw.) mit ihrem wehrhaften Kirchturm aus dem 13. Jh. Eine Attraktion ist der Schmetterlingsgarten (Route de Trèves, Tel. 003 52/75 85 39, April–Okt. 9.30–17 Uhr, www.papillons.lu).

Unter römischer Herrschaft hatte sich **Remich** (2650 Einw.) als »Remacum« einen Namen als Winzerstadt gemacht. Im Mittelalter war es Sitz einer Vogtei, im 19. Jh. lebte man von der Fischerei und nun vom Tourismus.

Hotels

Hotel de l'Esplanade €€
Schlichtes, aber ordentliches Hotel im Zentrum, Terrasse mit Moselblick.
- 5, Esplanade | 5533 Remich
Tel. 003 52/23 66 91 71
www.esplanade.lu

Hotel Kinnen €
Nettes Familienhotel mit schönen Zimmern und gutem Restaurant.
- 32, route de Luxembourg
6633 Wasserbillig
(nördl. von Grevenmacher)
Tel. 003 52/74 00 88

Mersch 7 [M10]

Am Hauptplatz der Kleinstadt (6500 Einw.) fällt der **Michaelsturm** mit seiner Zwiebelkrone ins Auge. Gegenüber steht das **Wasserschloss** aus dem 12. Jh., das mehrmals zerstört und immer wieder aufgebaut wurde. Von einer **römischen Patriziervilla** mit Fußbodenheizung und einem monumentalen Wasserbecken sind eindrucksvolle Reste erhalten (Rue des Romains, jederzeit frei zugänglich).

Luxemburger Ardennen

Bourscheid 8 [M9]

Von der imposanten Burgruine Bourscheid, die aus dem 11. Jh. stammt, sind noch bedeutende Reste erhalten, das Stolzenburger Haus vermittelt Einblicke in die örtliche Baugeschichte. Herrlich ist der Blick von den mächtigen Mauern über die tiefen, dicht bewaldeten Täler der Ardennen.

Esch-sur-Sûre 9 [L9]

Das idyllische Örtchen liegt in den Hügeln einer Schleife des Flusses Sûre und blickt auf mehr als 5000 Jahre Geschichte zurück. In die ehemalige Tuchfabrik sind das Naturparkzentrum Obersauer und ein kleines Museum zur Tuchfabrikation eingezogen. Im waldreichen Naturpark mit seinem Stausee kann man u.a. dem Legendenweg oder dem Entdeckungsweg folgen (www.naturpark-sure.lu).

Auf dem Marktplatz von Echternach

Hotel

Hotel Le Postillon €
Familienhotel am Ufer der Sauer.
- 1, rue de l'église
  9650 Esch-sur-Sûre
  Tel. 003 52/89 90 33
  www.lepostillon.lu

Wiltz 10 [L9]

Kunstinteressierte sollten in der ehemaligen Gerberstadt (4000 Einw.) die spätgotische **Hallenkirche** mit romanischen Bauteilen im Ortsteil Niederwiltz besuchen.

Im **Schloss**, dessen ältester Teil der 1573 errichtete Hexenturm ist, sind das Nationale Museum der Braukunst und ein Gerbereimuseum beheimatet (Sept.–Juni Mo–Fr 10–12, 14–17, Sa 10–12, Juli, Aug. tgl. 10–18 Uhr).

EXTRA-TOUREN

Tour 16 Tour des Arts: Berühmte Kunststädte

Route: **Brüssel › Leuven › Mechelen › Antwerpen › Gent › Brügge › Kortrijk › Oudenaarde › Brüssel**

Karte: Klappe hinten
Dauer: **Brüssel:** 2 Tage, **Leuven, Mechelen, Antwerpen:** 1 Tag, **Gent:** 1 Tag, **Brügge:** 2 Tage, **Kortrijk, Oudenaarde und zurück nach Brüssel:** 1 Tag.
Verkehrsmittel: Die Distanzen zwischen den Städten betragen max. 70 km. Mit dem Auto sind Sie zwar unabhängig, haben aber in den Städten ein Parkplatzproblem. Mit dem Zug reisen Sie fast ebenso schnell, müssen jedoch in jeder Stadt den Anmarsch ins kunsthistorisch interessante Zentrum einplanen. Die Zugverbindungen sind ausgezeichnet, an allen Bahnhöfen gibt es Gepäckaufbewahrungen.

Eine Tour durch die belgischen Kunststädte Brüssel, Gent, Brügge und Antwerpen verspricht eine Parade der interessantesten architektonischen Meisterstücke aus Gotik, Renaissance, Barock und Jugendstil. **Brüssel** › **S. 48** mit der Grand-Place, dem prächtigen Rathaus und den barocken Gildehäusern steht am Beginn der Tour. Zwei Tage Aufenthalt in Brüssel lassen sich leicht gestalten: ein Bummel durch die Gassen der Unterstadt, eine Erkundung der Oberstadt, ein oder zwei interessante Museen, eine Shoppingtour im Antiquitätenviertel oder ein Zug durch die Modeboutiquen.

Von Brüssel geht es nach **Leuven** › **S. 91** mit seinem einzigartigen Rathaus. Bummeln Sie durch das Univiertel und besuchen Sie den großen Beginenhof, der heute als Studentenwohnheim fungiert. Die nächste Station ist **Mechelen** › **S. 90**, dessen gewaltige, unvollendete Kathedrale Respekt abnötigt.

Nach **Antwerpen** › **S. 84** sind es nur ein paar Kilometer. Erkunden Sie die Altstadt, besuchen Sie die Kathedrale und unternehmen Sie einen Bummel am Schelde-Ufer. Vielleicht bleibt Zeit für eine Schiffsrundfahrt auf der Schelde oder einen Spaziergang durchs frühere Hafenviertel Eilandje. Am nächsten Tag stehen ein Besuch im Rubenshaus, eine Besichtigung des Plantin-Moretus-Museums und ein Bummel durch das Diamantenviertel an.

Die nächste Station ist die quirlige Universitätsstadt **Gent** › **S. 103**. Sie kommen gerade recht, um den prächtigen Belfried im schönsten Licht zu erleben. Nach einem Bummel entlang Gras- und Korenlei und einem Abendessen in einem der unzähligen Restaurants können Sie sich ins Genter Nachtleben stürzen – oder einen Absacker in einer der vielen sympathischen Kneipen nehmen. Am nächsten Tag steht Gents größter Schatz auf dem Programm: der Genter Altar in der Kathedrale St. Bavo. Als modernen Kontrast bietet sich das Museum für zeitgenössische Kunst, S.M.A.K., an.

Seit 1847 laden die Galeries Royales St-Hubert in Brüssel zum Shopping und Verweilen ein

Kanalfahrt durch die Altstadt von Brügge

Das mittelalterliche **Brügge** › **S. 107** ist die Krönung dieser Rundreise. Wer nachmittags ankommt, hat Brügge am Abend fast für sich allein. Beim Schlendern durch krumme Straßen und an Kanälen entlang kann man die riesige Tuchhalle, das elegante Rathaus und die prächtige Liebfrauenkirche ungestört bewundern. Wenn Sie anderntags das Memling-Museum, den Beginenhof und das Groeningemuseum besuchen, sind Sie vielleicht noch vor den Menschenmassen dran.

Die Rückfahrt nach Brüssel können Sie noch durch zwei sehenswerte Städte aufwerten: In **Kortrijk** › **S. 116** zeugen die mächtigen Broeltürme von altem Glanz, in **Oudenaarde** › **S. 117** steht auf einem riesigen Marktplatz ein über und über geschmücktes gotisches Rathaus.

Tour 17 Wälder, Flüsse, Industrie

Route: Liège › Huy › Namur › Charleroi › Binche › Canal du Centre › Mons

Karte: Klappe hinten
Dauer: 2–3 Tage mit Übernachtung in Liège und Namur
Verkehrsmittel: Für diese Tour von den Ardennen durch das historische Industriegebiet der Borinage bietet sich das Auto an, denn nicht alle Punkte sind mit öffentlichen Verkehrsmitteln leicht zu erreichen.

Dieser Tourvorschlag richtet sich an Spezialisten, die ein weniger bekanntes Belgien entdecken wollen. Die Reise beginnt in **Lüttich** (Liège) › **S. 66.** Ein Bummel über die Place du Marché, ein Besuch der romanischen Kirche St-Barthélémy mit dem berühmten Taufbecken und – falls gerade Sonntag ist – ein Gang über den Markt am Kai La Batte gehören zu den wichtigen Bestandteilen eines Lüttich-Besuchs.

Am nächsten Tag folgen Sie dem Lauf der Maas flussauf bis **Huy** › **S. 78,** einem hübschen Ardennenstädtchen, das sich für eine Kaffeepause anbietet. In **Namur** › **S. 77** lockt die Zitadelle, die bequem mit der Seilbahn zu erreichen ist, mit einem Panoramablick über Stadt, Fluss und Landschaft.

Sie verlassen die Ardennen und erreichen **Charleroi** › **S. 124.** Nach den grünen Höhen der Ardennen bietet sich hier das unverfälschte Bild einer Industriestadt. Die Oberstadt hat allerlei Sehenswertes zu bieten. Besuchenswert sind auch das Glasmuseum sowie das Museum für Fotografie mit Arbeiten der belgischen Surrealisten.

Binche › **S. 127** ist die Hochburg des belgischen Karnevals. Im Karnevalsmuseum kann man sich einen Eindruck vom bunten Treiben verschaffen.

Eindrucksvolle Zeugnisse der frühen Industrialisierung sind die vier hydraulischen **Schiffsaufzüge am Canal du Centre** › **S. 127**, die vom Erfindungstalent des Zeitalters der Ingenieure sprechen.

Mit **Mons** › **S. 128** ist schließlich wieder eine größere Stadt erreicht, die mit ihrer Kathedrale einen der vorderen Ränge auf der Liste der Kunststädte einnimmt. Vergessen Sie nicht, den kleinen Affen am Rathaus zu streicheln, bevor Sie sich wieder Richtung Lüttich auf den Weg machen.

Tour 18 Von den Ardennen zum Meer

Route: **Tongeren › Sint-Truiden › Tienen › Leuven › Brüssel › Ronse › Kortrijk › Ieper › Veurne › Oostende**

Karte: Klappe hinten
Dauer: 3 Tage mit Übernachtung in Brüssel und Ieper
Verkehrsmittel: Trotz guter Zugverbindungen empfiehlt sich wegen der vielen Zwischenstopps die Fahrt mit dem Auto.

Sie planen einen Urlaub an der Küste? Nehmen Sie sich doch vorher Zeit für einen gemütlichen Bummel quer durch Belgien. **Tongeren** › **S. 96**, die erste Station auf der Route, ist die älteste Stadt des Landes. Versäumen Sie nicht einen Besuch im Gallo-Römischen Museum und einen Spaziergang zur alten römischen Stadtmauer. **Sint-Truiden** › **S. 95** und **Tienen** › **S. 93** sind zwei typische flämische Städtchen mit properen Häusern, netten Lokalen und stattlichen Kirchen. Sie bereiten vor auf **Leuven** › **S. 91** mit dem einzigartigen Rathaus, das wie aus Spitze geklöppelt scheint. Den nächsten Tag sollten Sie für **Brüssel** › **S. 48** reservieren. Wenn Sie fürs Erste genug gotische und barocke Bauwerke gesehen haben, unternehmen Sie doch einen Spaziergang durch die Stadtteile Ixelles und St-Gilles mit ihren Jugendstilhäusern.

Am nächsten Tag geht es weiter Richtung Küste, mit Stationen in der Kleinstadt **Ronse**, wo es einen unterirdischen Säulenwald zu bewundern gibt, in **Kortrijk** › **S. 116**, das sich rühmt, den schönsten Beginenhof des Landes zu besitzen, und in **Ieper** › **S. 116**, dessen monumentales gotisches Rathaus die Wirtschaftskraft der mittelalterlichen Kaufleute bezeugt. In dem Landstädtchen **Veurne** › **S. 115** sollten Sie sich noch mit den dortigen Kuchenspezialitäten wie »Veurnse kletskoppen« (Biskuit mit Nüssen und Mandeln) eindecken, bevor es dann ans Meer geht. **Oostende** › **S. 115**, die Königin der Küstenorte, stimmt Sie auf die Freuden des Wassersports ein.

Infos von A–Z

Ärztliche Versorgung

Zwischen Belgien bzw. Luxemburg, den EU-Ländern und der Schweiz besteht ein Sozialversicherungsabkommen, d.h. theoretisch ist der Versicherungsschutz durch die Europäische Krankenversichertenkarte abgedeckt. Wird sie nicht akzeptiert, muss man die Behandlung oder Medikamente sofort bezahlen und erhält in der Regel gegen Quittung die Kosten von seiner Krankenkasse erstattet.

Barrierefreies Reisen

Öffentliche Einrichtungen sind für Behinderte nicht immer problemlos erreichbar. In Hotelverzeichnissen ist für jedes Hotel angegeben, ob die Unterkunft für Rollstuhlfahrer zugänglich ist. Man sollte vor der Buchung sicherstellen, dass behindertengerechte Einrichtungen vorhanden sind.

Diplomatische Vertretungen

- **Deutsche Botschaften:**
  8–14, rue Jacques de Lalaingstraat, 1040 Brussel, Tel. 02/7 87 18 00, www.bruessel.diplo.de;
  20–22, ave. Emile Reuter, 2420 Luxembourg, Tel. 003 52/45 34 45-1, www.luxemburg.diplo.de
- **Österreichische Botschaften:**
  5, place du Champ de Mars, 1050 Brussel, Tel. 02/2 89 07 00, www.bmeia.gv.at/botschaft/bruessel.html;
  3, rue des Bains, 1212 Luxembourg, Tel. 003 52/47 11 88, www.bmeia.gv.at/botschaft/luxemburg.html
- **Botschaften der Schweiz:**
  26, rue de la Loi, 1040 Brussel, Tel. 02/2 85 43 50, www.eda.admin.ch/bruxelles;
  25a, bd. Royal, 2449 Luxembourg, Tel. 003 52/22 74 74-1, www.eda.admin.ch/luxembourg

Ein- und Ausreise

EU-Bürger unterliegen keinen Grenzkontrollen, müssen aber Ausweispapiere mit sich führen. Schweizer benötigen Identitätskarte bzw. Reisepass. Seit 2012 müssen auch Kinder unter 16 Jahren einen gültigen Personalausweis oder Kinderreisepass besitzen.

Feiertage

1. Jan., Ostermontag, 1. Mai, Christi Himmelfahrt, Pfingstmontag, 23. Juni (Nationalfeiertag in Luxemburg), 21. Juli (Nationalfeiertag in Belgien), 15. Aug. (Mariä Himmelfahrt), erster Montag im Sept. (nur in Luxemburg), 1. Nov. (Allerheiligen), 11. Nov. (Waffenstillstandstag 1918, nur in Belgien), 25. und 26. Dez. Fällt einer dieser Feiertage auf einen Sonntag, gilt der nächste Tag als gesetzlicher Feiertag. Feiertage der Sprachgemeinschaften in Belgien: Flamen: 11. Juli, Frankophone: 27. Sept., Deutsche: 15. Nov.

Geld

In beiden Ländern kann an Geldautomaten (bancomat) mit Bank-/Maestro-Karte bzw. Kreditkarte und PIN Bargeld abgehoben werden.

Haustiere

Für Hunde oder Katzen muss ein EU-Heimtierpass mit gültiger Tollwut-Schutzimpfung vorgelegt werden. Jedes Tier muss mit einem Mikrochip gekennzeichnet sein.

Information

- **Belgien Tourismus**
  Cäcilienstr. 46
  50667 Köln
  Tel. 02 21/2 77 59-0
  www.belgien-tourismus.de

- **Tourismuswerbung Flandern,** Mariahilfer Str. 121 b, 1060 Wien, Tel. 01/5 96 06 60, www.flandern.at
- **Luxemburger Verkehrsamt,** c/o Luxemburgische Botschaft, Klingelhöfer Str. 7, 10785 Berlin, Tel. 030/2 57 57 73, info@visitluxembourg.de, www.ont.lu

Umfassende Infos zu Unterkünften, Veranstaltungen, Kultur und Freizeit.

Verkehrsämter der Provinzen

- Antwerpen: Koningin Elisabethlei 16, 2018 Antwerpen, Tel. 03/2 40 63 73, info@tpa.be
- Ostflandern: Sint-Niklaasstraat, 9000 Gent, Tel. 09/2 69 26 00, toerisme@oost-vlaanderen.be
- Westflandern: Jan Van Eyckplein 2, 8000 Brugge, Tel. 08 00/2 00 21, provincie@west-vlaanderen.be
- Wallonisch Brabant: 2, av. Einstein, 1300 Wavre, Tel. 010/23 63 31, www.brabantwallon.be
- Hennegau: 31, rue de Clercs, 7000 Mons, Tel. 065/36 04 64, federation.tourisme@hainaut.be
- Lüttich: 77, blvd. de la Sauvenière, 4000 Liège, Tel. 04/2 37 95 30, www.ftpl.be
- Belgisch Luxemburg: 9, quai de l'Ourthe, 6980 La Roche-en-Ardenne, Tel. 084/41 10 11, www.ftlb.be
- Namur: 22, av. Reine Astrid, 5000 Namur, Tel. 081/77 67 57, www.paysdesvallees.be
- Wallonie-Brüssel: 30 rue St-Bernard, 1060 Brussel, Tel. 070/22 10 21, www.opt.be
- Ostkantone: Mühlbachstr. 2, 4780 St. Vith, Tel. 080/22 76 64, www.eastbelgium.com
- Limburg: Universiteitslaan 3, 3500 Hasselt, Tel. 011/30 55 00, info@toerismelimburg.be

Notruf

- Notruf (europaweit): Tel. 112
- Polizei: Tel. 101 (B), Tel. 113 (L)

Öffnungszeiten

- Banken: Mo–Fr 9–16 Uhr
- Post: Mo–Fr 9–17, Sa 9–12 Uhr
- Geschäfte: Mo–Sa 9–19 Uhr

Rauchverbot

Das Rauchen ist in belgischen Restaurants verboten, in Kneipen und Bars ohne Speisenangebot darf man (noch) rauchen. In Luxemburg gilt ein Rauchverbot in allen öffentlichen Gebäuden.

Telefon/Handy/Internet

Telefonzellen sind in Belgien fast vollständig abgebaut worden, Telefonieren mit Handy ist problemlos möglich (Tarifinfos auf www.teltarif.de/mobilfunk). **Vorwahlen:** Deutschland 00 49, Österreich 00 43, Schweiz 00 41, Belgien 00 32, Luxemburg 003 52.

Internetzugänge gibt es – in der Regel gegen geringe Gebühr – in vielen Hotels, in Jugendherbergen und Bibliotheken. Internetcafés bieten ihre Dienste in jedem größeren Ort an.

Zoll

Für EU-Bürger gelten bei Waren für den persönlichen Bedarf keine Beschränkungen, Richtmengen sind z. B. 800 Zigaretten, 10 l Spirituosen, 90 l Wein. Schweizer können 200 Zigaretten, 1 l Spirituosen über und 2 l unter 15 Vol % sowie Souvenirs bis max. 300 CHF zollfrei ein- bzw. ausführen.

Urlaubskasse	
Tasse Kaffee	2,50 €
Softdrink	2,50 €
Glas Bier (0,33 l)	2–5 €
Portion Pommes	2,50 €
Kugel Eis	1–1,50 €
Taxifahrt (Kurzstrecke)	ca. 15 €
Mietwagen/Tag	ca. 90 €

Register

Bildnachweis

Coverfoto: Windmühle am Kanal zwischen Brügge und Damme © mauritius images/imagebroker/Martin Moxter
Fotos Umschlagrückseite: © Fotolia/Lovrencg (links); Belgien Tourismus (Mitte); Huber Images/M. Cristofori (rechts)

Alamy/Arterra Picture Library: 123; Antwerpen Tourismus & Kongress: 88; APA Publications/Annabel Elston: 94, 143; Belgien-Tourismus: 29; Belgien-Tourismus/Marie-Fred Dodet: 67; Ecomedia/Robert Fishman: 129; Fotolia/nimbus: 130; Fotolia/Anthony Shaw: 119; Fotolia/Marek Slusarczyk: U2-1; Fotolia/Tom S: 134; Rainer Hackenberg: 63; Huber Images/Gabriele Croppi: 13, 60; Huber Images/Gräfenhain: 20/21, 46/47, 48, 61, 74, 107; Huber Images/Reinhard Schmid: 147; laif/Zenit/Boening: 133, 139; laif/Reporters: 17; laif/ hemispheres/Bertrand Rieger: 115; laif/Reporters/Jean-Marc Quinet: 56; laif/Reporters/Marc Verpoorten: 25, 27; laif/ hemis.fr/ Pawel Wysocki: 145; LOOK-foto/age fotostock: 93, 148; mauritius images/Robert Harding: 32/33; mauritius images/Steve Vidler: U2-2; Dirk Renkhoff: 117; Wolfgang Roessig: 8-1; shutterstock/alxcrs: 112; shutterstock/AnLe: 108; shutterstock/pawel dudek: 73; shutterstock/Nicole Gordine: 97; shutterstock/Botond Horvath: 54, 84, 90, 111, 150; shutterstock/Mikhail Markovskiy: 79; shutterstock/Sergey Novikov: 77; shutterstock/Fabio Pagani: 125; shutterstock/Pecold: 39; shutterstock/Renata Sedmakova: 15; shutterstock/Oleg Shipov: 6/7; shutterstock/skyfish: U2-4, 49; shutterstock/Tupungato: 8-2; shutterstock/kavalenkava volha: 98; shutterstock/Walencienne: 10; shutterstock/Weskerbe: 118; Martin Thomas: 30, 43, 58, 59, 95; Tourismus Flandern: 9-1, 14, 40, 113; Tourismus Flandern/C. Potigny: 9-2; Tourismus Flandern/Roel Ruttens: 23; Tourismus Flandern/Bastian Werner: 35; Web Gallery of Art: 80; Wikipedia (gemeinfrei): U2-3.

Liebe Leserin, lieber Leser,
wir freuen uns, dass Sie sich für diesen POLYGLOTT on tour entschieden haben. Unsere Autorinnen und Autoren sind für Sie unterwegs und recherchieren sehr gründlich, damit Sie mit aktuellen und zuverlässigen Informationen auf Reisen gehen können. Dennoch lassen sich Fehler nie ganz ausschließen. Wir bitten Sie um Verständnis, dass der Verlag dafür keine Haftung übernehmen kann.

Ihre Meinung ist uns wichtig. Bitte schreiben Sie uns:
TRAVEL HOUSE MEDIA GmbH, Redaktion POLYGLOTT, Grillparzerstraße 12,
81675 München, redaktion@polyglott.de
www.polyglott.de

1. komplett überarbeitete Auflage 2015

Dieses Buch wurde auf chlorfrei gebleichtem Papier gedruckt.
ISBN 978-3-8464-2713-2

Verlagsleitung: Michaela Lienemann
Redaktionsleitung: Grit Müller
Verlagsredaktion: Anne-Katrin Scheiter
Autor: Wolfgang Rössig, Margarete Graf
Redaktion: Gudrun Raether-Kluenker
Bildredaktion: Ulrich Reißer
Mini-Dolmetscher: Langenscheidt
Layoutkonzept/Titeldesign: fpm factor product münchen
Karten und Pläne: Theiß Heidolph
Satz: Tim Schulz, Mainz
Herstellung: Anna Bäumner
Druck und Bindung: Printer Trento

PEFC
PEFC/18-31-506

TRAVEL HOUSE MEDIA

Ein Unternehmen der
GANSKE VERLAGSGRUPPE

Mini-Dolmetscher Französisch

Allgemeines

Guten Tag.	Bonjour. [bõ**~~seh~~ur**]
Hallo!	Salut! [ßa**lü**]
Wie geht's?	Ça va? [ßa **wa**]
Danke, gut.	Bien, merci. [bjẽ mär**ßi**]
Ich heiße ...	Je m'appelle ... [~~seh~~ö ma**päll**]
Auf Wiedersehen.	Au revoir. [o rö**woar**]
Morgen	matin [ma**tẽ**]
Nachmittag	après-midi [aprämi**di**]
Abend	soir [ßoar]
Nacht	nuit [nüi]
morgen	demain [dö**mẽ**]
heute	aujourd'hui [o~~seh~~ur**düi**]
gestern	hier [jär]
Sprechen Sie Deutsch?	Parlez-vous allemand? [par**le** wu al**mã**]
Wie bitte?	Pardon? [par**dõ**]
Ich verstehe nicht.	Je ne comprends pas. [~~seh~~ö nö kõ**prã** pa]
Sagen Sie es bitte nochmals.	Pourriez-vous répéter, s'il vous plaît? [pur**je** wu repe**te** ßil wu **plä**]
..., bitte.	..., s'il vous plaît. [ßil wu **plä**]
danke	merci [mär**ßi**]
Keine Ursache.	De rien. [dö **rjẽ**]
was / wer / welcher	quoi / qui / quel [koa / ki / käll]
wo / wohin	où [u]
wie / wie viel	comment / combien [ko**mã** / kõ**bjẽ**]
wann / wie lange	quand / combien de temps [kã / kõ**bjẽ** dö **tã**]
warum	pourquoi [pur**koa**]
Wie heißt das?	Comment ça s'appelle? [ko**mã** ßa ßa**päll**]
Wo ist ...?	Où est ...? [u ä]
Können Sie mir helfen?	Pouvez-vous m'aider? [pu**we** wu mä**de**]
ja	oui [ui]
nein	non [nõ]
Entschuldigen Sie.	Excusez-moi. [äksküse **moa**]
Das macht nichts.	Ça ne fait rien. [ßa nö fä **rjẽ**]
Gibt es hier eine Touristeninformation?	Est-ce qu'il y a une information touristique ici? [äskil**ja** ün ẽforma**ßjõ** turis**tik** i**ßi**]
Haben Sie einen Stadtplan?	Avez-vous un plan de la ville? [a**we** wus ẽ plã dö la wil]
geschlossen	fermé [fär**me**]

Shopping

Wo gibt es ...?	Où est-ce qu'il y a ...? [u äskil**ja**]
Wie viel kostet das?	Ça coûte combien? [ßa kut kõ**bjẽ**]
Das ist zu teuer.	C'est trop cher. [ßä tro **schär**]
Das gefällt mir. / Das gefällt mir nicht.	Ça me plaît. / Ça ne me plaît pas. [ßa mö **plä** / ßa nö mö plä **pa**]
Wo gibt es hier eine Bank?	Où est-ce qu'il y a une banque ici? [u äskil**ja** ün bãk i**ßi**]
Ich suche einen Geldautomaten.	Je cherche un guichet automatique. [~~seh~~ö schärsch ẽ gi**schä** otoma**tik**]
Geben Sie mir 100 g Käse.	Donnez-moi cent grammes de fromage. [do**ne moa** ßã gram dö fro**ma~~seh~~**]
Haben Sie deutsche Zeitungen?	Avez-vous des journaux allemands? [a**we** wus de ~~seh~~ur**no** al**mã**]

Essen und Trinken

Die Speisekarte, bitte.	La carte, s'il vous plaît. [la **kart** ßil wu **plä**]
Brot	pain [pẽ]
Kaffee	café [ka**fe**]
Tee	thé [te]
mit Milch / Zucker	au lait / sucre [o lä / **ßü**krə]
Orangensaft	jus d'orange [~~seh~~ü do**rã~~seh~~**]
Suppe	soupe [ßup]
Fisch / Meeresfrüchte	poisson / fruits de mer [poa**ssõ** / früi dö **mär**]
Fleisch / Geflügel	viande / volaille [wjãd / wo**laj**]
Beilage	garniture [garni**tür**]
vegetarische Gerichte	cuisine végétarienne [küi**sin** we~~seh~~etar**jänn**]
Eier	œufs [öh]
Salat	salade [ßa**lad**]
Dessert	dessert [de**ssär**]
Obst	fruits [früi]
Eis	glace [glass]
Wein	vin [wẽ]
Bier	bière [bjär]
Aperitif	apéritif [aperi**tif**]
Wasser	eau [o]
Mineralwasser	eau minérale [o mine**ral**]
Limonade	limonade [limo**nad**]
Ich möchte bezahlen.	L'addition, s'il vous plaît. [ladi**ßjõ** ßil wu **plä**]

Meine Entdeckungen

Clevere Kombination mit POLYGLOTT Stickern

Einfach Ihre eigenen Entdeckungen mit Stickern von 1–16 in der Karte markieren und hier eintragen. Teilen Sie Ihre Entdeckungen auf facebook.com/polyglott1.

Checkliste Belgien

Nur da gewesen oder schon entdeckt?

- [ ] **Tim und Struppi**
  An vielen Hauswänden, aber auch in der Metro von Brüssel sind die Abenteuer von Belgiens berühmten Comic-Helden zu bestaunen. › **S. 15**

- [ ] **Weihnachtsmarkt in Brüssel**
  Ausgesprochen stimmungsvoll präsentiert sich der jährliche Budenzauber auf der Grand-Place. › **S. 52**

- [ ] **Beginenhof in Brügge**
  Er gehört nicht nur zu den schönsten Beginenhöfen Belgiens, sondern bietet auch ein interessantes Museum, das sich dem Leben der Beginen widmet. › **S. 110, 112**

- [ ] **Westflandern per Hausboot entdecken**
  Entdeckung der Langsamkeit: Mit einem schwimmenden Ferienhaus können Sie ab Nieuwpoort über Westflanderns idyllische Wasserwege schippern. › **S. 12**

- [ ] **Radtour auf der Schlösserroute**
  Per Drahtesel durch den Hespengau, zu blühenden Obstbaumwiesen, romantischen Schlössern und Dörfern. › **S. 12**

- [ ] **Ah les frites!**
  Kross, kartoffelig, mit einer Vielzahl von Soßen: Jeder Belgier hat *seinen* Frittenstand. Schlangen lügen nicht! › **S. 13**

- [ ] **Wildes Bier**
  Hunderte von belgischen Biersorten warten darauf, entdeckt zu werden. Das beste Bier aber brauen die Trappistenmönche. › **S. 14**

Mitbringsel für Daheim

Grand Cru Schokolade von Pierre Marcolini: ein Fest für Auge und Gaumen › **S. 16**

Luxemburgs Crémants: dem Champagner ähnlich, aber viel günstiger zu haben › **S. 16**